游芳憫　著

游芳憫文史專集第二卷

東西倫理學史研究

發揚倫理道德的美善力量，重視生命內在底蘊的培育積累

一冊不容錯過的人文知識參考書

作者任教於美國普林頓大學時留影

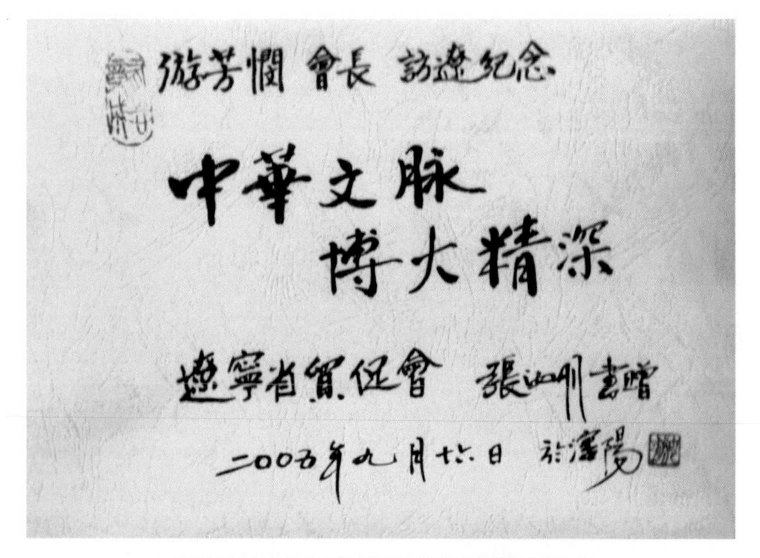

作者在中國東北訪問及講學後獲頒感謝狀

作者家居近影

徐 序

北美洛杉磯華文作家協會創會會長蓬丹，近日請我為其尊翁游芳憫教授新書《東西倫理學史研究》寫序，我感到非常榮幸，也非常惶恐。事實上我與游教授相識已有多年，他在華人社區經常做專題演講，我閱看過他另一著作《中西文化與哲學述要》，深感受益匪淺。

我在牛津大學攻讀經濟史博士的時候，讀過一本 Ray Kurzweil 的《*The Singularity Is Near*》（2005，Penguin Books），此書曾入選為 New York Times 最暢銷書籍之一，我翻譯成「單一化的世界」，這本書主要是用統計的數據方法，從有歷史文明開始，直到二十一世紀的今天，以圖表算出世界主要科技的發明和變化，與時間的相關性。這本書指出，所有的世界最重要發明，都發生在最後這一個世紀（二十世紀），從世界科技和文明的發展與年代相關係數來看，它的線狀是成冪數的（exponential），換句話，也就是說人類的文明發展在終極是快速而又單一。

這解釋什麼呢？我們可以說人類的未來發展，不論是在地球的那一個角落，那一個民族，那一個國家，大家的未來想法都類同相似。放眼望去，今天全球討論的都同樣是經濟、環保議題，所用的工具都是電子通訊、電腦和網絡，面對的都是社會福利、犯罪等問題。在知識和教育方面，大家都是面臨知識的爆炸，和迅速的下載傳播。甚至在人類 DNA 的結構上，都快達到了解密的地步。在未來的一、二十年，我們用晶片下載到人腦的細胞去了解知識，已經不是夢想。世界的單一化帶來迅速的知識傳播和傳遞，同樣的，足以摧毀這個地球的武器和破壞力，也不再是強國的專利。我們在世界單一化中，面臨的最大問題，是科技有可能淹沒世界文明的傳統倫理價值。在數據化的今日，用數據來證明人類面對的文化問題，正是解鈴人還需繫鈴人。

人類彼此間最大的差異，還是在於各個人的靈魂。在於具有相同理想一群人的努力集合，抵抗惡勢力的增長和擴大。從此書中，我們看到在東西方不同的文明發展，也看到東西方倫理的軌跡和傳承。

游教授的這部書，有系統地說明世界倫理史的發展過程，將東西方的倫理學分門別類介紹出來，在東方的中國有孔孟、莊子；印度的因果報應和輪迴學；中東伊斯蘭教的信奉真主，求其公正，行善和誠實；日本的神道理論和武士道倫理；在西方的希臘亞里斯多德思想、羅馬時期的修行和節制公約、猶太教基督教的普及贖罪和尊重戒律，以及西方在文藝復興後期各個哲學理論大思想家，在人性和人格，制度內外，形而上學和實用主義都做了細密的介紹和詮釋。這本書，在華人圈出版業界中，絕對有其獨特的貢獻。

其次，游教授的專注努力，也在於比較東西方倫理價值的異同，在倫理標準和界面看法提出自己的看法。這本書中敘述的傳統價值，也就是對東西方的各種倫理觀念，在宗教、哲學和道德上提出的整個分析和發展上所面臨的問題。在這裡，我特別欣賞游教授對東方儒家的倫理提出缺點論：認為東方的儒家思想，沒有建立一個認識創造天地萬物的主宰，缺乏一個完整的宗教系統，常常容易為專制獨裁所利用，反而成為阻礙社會進步的絆腳石。正是這樣，游教授也提出了在當今世界倫理文化所面臨的危機（第八章）和如何重建當代倫理的途徑。這應當是此書的精神所在。

在今天這種光速時代，很多的傳統價值已被日新月異的科技淹沒，讓人錯愕。好像如果不快就是落伍；好像如果不新就是有缺陷，不管道德的標準，不管這個「新」是不是能適應維護這個社會的和諧；好像如果沒有科技，就有被淘汰的可能，不管這個科技是不是抄來，還是盜來的；好像如果沒有「錢」途，人類就沒有前途。這是當今我們做為二十一世紀人的最大諷刺。

道德常常能彌補智慧缺陷，然而，智慧卻永遠填補不了道德的空白。筆者與游教授相知恨晚，如今讀到游教授這一本書，大有共鳴之感。游教授對聖經有精湛研究，相信倫理也當與新時代同步交流，產生積極作用，在我們自己的人性裡，在宇宙的大環境和在我們社會裡，都有重建其固有的各種倫理的必要。這是給當今被科技發展速度衝昏了的人類社會，提出答案的一本好參考書。

徐永泰（Dr. Yungtai Hsu, Oxon）

寫於 2010 年 8 月 31 日　South El Monte, California

自　序

這本小書，是筆者繼《中西文化與哲學述要》一書後完成之第二卷文字。其內容要義，筆者曾經在台灣東海大學、靜宜大學教授講述。同時忝為教育部敦聘「縣市文化講座」主講人之一的成員，經常前往各縣市文化中心、乃至有關文化社團所舉辦的文化講座，還有中等以上學校的週會、政府機關及人民團體的動員月會等場合，應邀擔任主講，旨在配合台灣七、八十年代積極推行中華文化復興運動，並稍盡個人對儒家及中外名家，有關重視倫理道德的傳統與現代精神的發揚光大，表達一些體認及看法，以就教於許多與會之各方賢達。

上世紀八十年代末期，我第三度來美，應兒女之邀以依親身份，決定居留美國洛杉磯。承蒙文教界前輩先進及友好之愛護，得以有緣參加「中華文化倫理教育學會」及「美國孔孟學會」等社團為會員，這些社團的許多活動皆以演講座談為主要項目，包括前國立政治大學陳大齊校長的秘書徐傅德教授等所發起之「衛道學苑」，參與演講的教授有勞榦、黎東方、鐵鴻業、李三寶、李宗派、文席謀、陳迺臣、龔樂群、杜維明、成中英等先生。他們的演講風采，都為洛杉磯文教界帶來新活力。我在這些場合的主講重點，仍以倫理道德為軸心。

原來人類文化及文明的形成，其內涵實有兩大支柱，一為倫理與道德，一為科學與技術。中山先生探索歷史，斷言「有道德始成國家」，其民生史觀的觀點，實即建立在倫理道德與科學技術兩大基礎之上。科學技術引導人類社會從農業時期進入工業時期，甚至有開拓未來星際移民的可能，有如目前被稱為愛因斯坦第二的英國理論物理學家史蒂芬霍金之預測。

但是如果科學技術不能建立在倫理道德的前提上，則人類危機正方興未艾。所以古今中外的聖賢先知，莫不苦口婆心以倡導倫理道德為己任。東周時期，管仲就有「禮義廉恥，國之四維，四維不張，國乃滅亡」之名言，此論點至今仍為不滅之定律。

綜觀古今中外倫理道德名著，無論孔孟及諸子百家之學說，亞里斯多德之倫理學，康德之道德形上學，以至當今不少名家學者有關倫理道德之著述，無不給予讀者以心靈之啟迪。筆者以一得之愚，彙編《東西倫理學史研究》，聊供讀者入門之參考。承牛津大學經濟史博士徐永泰先生於百忙中，撥冗為本書作序，令我不勝感激。徐博士年富力強，且對經濟倫理、企業倫理、以至社會倫理等領域均有深切之瞭解，而且身體力行，其將貢獻人群者，誠不可限量。

2010 年 9 月於洛杉磯寄寓

目　次

世界文化體系的倫理觀念與道德行為

儒家倫理學的理論與實驗

基督教倫理學的歷史階梯

儒家倫理學與基督教倫理學之比較

建立倫理道德的新社會

世界倫理學史展望

倫理、倫理學、倫理學史釋義

第一章　倫理

倫理一詞，先有倫，後有理。《尚書・舜典》云：「八音克諧，無相奪倫。」《洪範》云：「彝倫攸斁……彝倫攸敘。」《呂刑》云：「有倫有要。」《詩經・正月》：「有倫有脊。」故《毛詩故訓傳》云：「倫，道，脊，理也。」《論語・微子》篇：「欲絜其身而亂大倫。」注疏本《何晏集解》：「倫，道理也。」又說：「言中倫，行中庸，」《集解》云：「言應倫理。」

《孟子》則云：「景子曰：內則父子，外則君臣，人之大倫也。」[1]「人倫明於上，小民親於下。」[2]「使契為司徒，教以人倫。」[3]「聖人，人倫之至也。」[4]「舜明於庶物，察於人倫。」[5]「男女居室，人之大倫也。」[6]「今居中國，去人倫，無君子，如之何其可也。」[7]

《荀子》更有九處說到倫：「倫類不通，仁義不一，不足謂學。」[8]「倫類以為理。」[9]「禮以定倫。」[10]「……眾異不得相蔽

1 《孟子・公孫丑》。
2 《孟子・滕文公》。
3 《孟子・滕文公》
4 《孟子・離婁》。
5 《孟子・離婁》。
6 《孟子・萬章》。
7 《孟子・告子》。
8 《荀子・勸學》。
9 《荀子・臣道》。
10 《荀子・致士》。

以亂其倫也。」[11]「貴貴，尊尊，賢賢，老老，長長，義之倫也。」[12]「聖也者，盡倫者也。」[13]「不同而一，夫是之謂人倫。」[14]「禮者人主之所以為君臣，寸尺尋丈檢式也，人倫盡矣。」[15]「人倫並處。」[16]而《墨子》云：「義可厚，厚之，義可薄薄之，謂之倫列。……倫列之愛己，愛人也。……有厚而毋薄，倫列之興利，為已。」[17]

《說文解字》從文字訓詁釋示云：「倫，論字皆以侖會意，聚集簡冊，必依其次第，求其文理。」足見倫字重類別，依次序。

倫之後，繼以理。《詩經・信南山》：「我彊我理。」《詩經・綿》：「迺彊迺理。」《詩經・公劉》：「止基迺理。」《詩經・江漢》：「于彊于理。」

《論語》雖二見倫字，但未見理字。《孟子》於理字凡七見，如〈告子〉篇云：「心之所同然者何也？謂理也，義也」。《荀子》更用理字有一百零二處之多，涵蓋「事理」、「物理」、「天下之理」，例如〈勸學〉篇云：「辭順可與言道之理」。

上述倫與理合用，首見之於《禮記》。《禮記・樂記》云：「樂者通倫理也」，鄭玄注云：「倫，猶類也，理，分也。」孔穎達疏云：「樂能經通倫理也。陰陽美物各有倫類分理者也。」馴至賈誼《新書・輔佐》篇云：「以禮義倫理教訓人。」董仲舒《春秋繁露》云：「行有倫理，副天地也。」劉安《准南子要略訓》云：「經古今之

---

[11] 《荀子・解蔽》。
[12] 《荀子・大略》。
[13] 《荀子・解蔽》。
[14] 《荀子・榮辱》。
[15] 《荀子・儒效》。
[16] 《荀子・富》。
[17] 《墨子・大取》。

道，治倫理之序」。所以《朱子語錄》乃有「讀史當觀大倫理，大機會、大治亂之得失」的提示。

西方對倫理一詞之內涵，則與道德同用「Ethics」或「Morality」來表達。亞里斯多德（Aristotle，384 BC-322 BC）在其《倫理學》一書中，就有「道德的善或是倫理之德」的描述。今日西洋哲學對倫理與道德兩者，仍皆視為一體之兩面。

第二章　倫理學

倫理一詞雖先見於《禮記‧樂記》，但倫理學一詞則源自西方。後於孔子八十三年的蘇格拉底（Socrates，469 BC-399 BC）就曾提出合理之德的觀念，經柏拉圖再至亞里斯多德，而有較系統地著述《倫理學》一書，當時希臘學者以最高之善或至善（Supreme Good）為倫理極致，所以《大英百科全書》第十八冊中說：「倫理學的同義詞是道德哲學，傳統上倫理學職在分析、評估以及發展規範性道德判斷，以處理道德問題。」而《西洋哲學辭典》也說：「廣義的說，對倫理事實任何理論研究，均可稱為倫理學。倫理事實包括倫理價值觀、倫理規律、倫理標準、德性行為、良心現象等等」。美國華盛頓大學教授美爾登博士在其《倫理學說讀本》裡說：「倫理是指我們稱許為善的、可欲的、對的、義務的與有價值的習慣行為。」密西根大學教授法蘭克納在所著《倫理學》一書說：「倫理學是道德哲學，或對道德、道德問題以及道德判斷的哲學思考。」上述理念，實皆繼承希臘哲學之餘緒，與中國古聖先賢釋示道德，並無二致。因為道德就是善的行為，純正光明之事物，即為德。故正韻云：「凡言德者，善美、正大、光明、純正之稱。」《說文》：「德，升也。」《玉篇》云：「德，福也、惠也。」《禮記》亦云：「德如有所予也。」莫不含有向上求好，以及利他的動機。在中外哲人基於人性而發展為倫理學的課程，倫理學遂有下列的探究：

一、描述倫理學

描述各個人、各社團、各地區、各民族的倫理規範、倫理生活，並進而探求有關倫理問題的人性理論。

二、規範倫理學

探求是非善惡，義務、權利等問題，偏重行為規範的認同，從社會制度到內在價值，均欲予以合理的規範。

三、後設倫理學

對於倫理學的邏輯系統的知識及語意掌握，意境分析等妥為認定。由於倫理學涉及範圍涵蓋人與社會的思想與行為，倫理學的視野極為廣闊。學術上更要從社會學，宗教學、政治學、經濟學、教育學、心理學、生理學、文化學、生物學……甚至文學與藝術等各方面的角度，來看倫理。這也就是法國哲學家孔德的實證主義哲學講義中對學術分類法之分析，從數學到自然科學及社會科學，以至人文科學，其最後目標，均必歸趨倫理學的最高境界的主旨之所在了。

第三章　倫理學史

倫理學與倫理學史之不同，誠如蔡元培先生在其依據日人以保得二《東洋倫理史要》，以及木村鷹太郎《東西洋倫理學史》等書，作為參考而編著的《中國倫理學史》一書所說明：「倫理學以倫理之科條為綱，倫理學史以倫理學家之派別為敘。」

中國之倫理學史的發展，基本上乃依儒家禮、仁、孝的倫理思想，而歷代有所遞嬗，不過，儒家的禮、仁、孝倫理思想，各家也有所批判。例如道家強調服從天道，順應自然，反對虛偽的禮。墨家認為仁孝之狹窄自私，易引發人與人之間的爭鬥，造成社會禍亂。法家則提出以賞罰二柄治理天下，主張去私任公的新道德等等，不一而足。

西洋倫理學史，自當追溯至蘇格拉底。以迄康德（Immanuel Kant，1724-1804）在其《道德的形而上學基礎》（*Groundwork of the Metaphysics of Morals*）一書，乃對倫理學進行其哲學定位。古希臘哲學，原可分為三部份：邏輯學、物理學和倫理學。康德繼承此項分類法，提出了分類原理：包括形式與實質區分，純粹與經驗的區分。純粹哲學其原理原則，非源於經驗，而是先驗存在（Apriori）。先驗部份，被稱為形而上學（Metaphysics）。康德名言：「在我頭上，有眾星之天空，在我心中，有道德之法則。」

康德之後，西方倫理學派可謂百花齊放。例如現代西方倫理學，就有**人本主義倫理學**，包括現象學倫理學，諸如胡塞爾現象學的主體價值說，還有舍勒、哈特曼諸家。**存在主義倫理學**，自海德格爾的原始倫理學，薩特的自由主體倫理學，祈克果、雅斯培、馬賽爾等都各有所見。**精神分析倫理學**，開其宗者為佛洛伊德，繼之有弗羅姆的人道主義倫理學。當代在美國流行的有**實用主義倫理學**，包括有詹姆士實用主義道德觀、杜威的道德工具主義等等。尤其**現代宗教倫理學**，不但有鮑恩的完整人格倫理學、弗留耶林的創造性人格倫理學，布萊特曼的價值人格倫理學、霍金的人格自我倫理學，尤其突出的有新托瑪斯主義倫理學，與新正教派倫理學。新正教神學旨在光復原始基督教正宗，繼承馬丁路德與加爾文以來的西方宗教改革傳統，但頗有興革，從而有巴爾特的神正倫理觀。卡爾‧巴爾特（Karl Barth，1886-1968。一譯巴特）享有「現代神學界泰斗」之譽。他認為「倫理問題支配一切」，此外如尼布爾的基督教應用倫理學，重視宗教倫理與理性倫理，對社會道德問題、倫理、政治與宗教等，無不深入剖析。

因此，當代倫理學史現階段之前瞻，無論宇宙倫理學，生命倫理學以至生態倫理學等範疇，將更多采多姿。

倫理學史發展進程

第一章　倫理學史的開端

第一節　倫理簡介

如第上文所述，就中國文獻言，倫理最早見之於《禮記・樂記》篇：「凡音者，生於人心者也，樂者通倫理也。」賈誼《新書・輔佐》篇：「以禮義、倫理、教訓人民。」治倫理之序。」

倫理學語源（Ethics）係自希臘語習俗（Ethoes）而來。道德（Moral）語源，則由拉丁語習慣（Meres）而來。所以倫理道德起源不外風俗習慣。至倫理學一詞，則創自亞里斯多德，亞氏倫理學云：「倫理學的正鵠，在於實踐，不在推究。」

倫理學於拉丁語為 Philosophia Moralis，英文由是而成道德哲學（Moral Philosophy）。因之倫理學亦即道德哲學。是以倫理道德實即一體兩面，仍有倫理學與道德學之分。

第二節　摩西十誡

「摩西十誡」記載於《舊約聖經・出埃及記》後第二十章。據專家考證頒布於出埃及的第五十天。地點在西奈山，時約公元前1400 年，適值中國商王盤庚遷殷，埃及進入第十九王朝。

十誡前三誡，教人敬天，遵守安息日，後七誡教人善處人際關係，不許殺人，不許姦淫，不許偷竊，不許作假見證陷害人，不可貪戀別人的房屋，也不可貪戀別人的妻子、僕婢、牛驢、並一切其他所有的。尤其當孝敬父母，使你的日子在上帝所給你的地上，得以長久。

摩西十誡，固然是道德律法，實際上也涵蓋了民事律法及禮儀律法。較之更早的吾珥南模法典，漢摩拉比法典等，更包括了不成文法與成文法。十誡內涵，啟示了宇宙倫理學，家庭倫理學，社會倫理學，政治倫理學、國際倫理學等等延伸，而且也突顯了個人倫理等多方面的整體性。因此十誡乃成為世界倫理學的準繩與標竿，垂為永久性的自然律之永恆模式。

第三節　孔子奠定中國倫理思想基礎

孔子晚於摩西九百年，他整理中國古代典籍，可謂述而不作，尤以整理《易》、《書》、《詩》三經，奠定中國倫理思想的基礎。易以道陰陽，「大哉乾元，萬物資始」、「至哉坤元，萬物滋生」、「男女正，天地之大義也」，故在倫理上「天尊地卑，乾坤立定矣」[1]。

書即《尚書》，《尚書・召誥》云：「皇天上帝。」皋陶謨一再提示：「天工」、「天敘」、「天秩」、「天討」、「天聰」等詞句，更提出：「天命有德」。《尚書・召誥》云：「上天孚佑下民」，《尚書・伊訓》也提出：「唯上帝不常，作善，降之百祥，作不善，降之百殃。」所以《尚書・泰誓》指出：「予畏上帝，不敢不正。」

《詩經》云：「皇天上帝，臨下有赫，監視四方，求民之瘼。」又云：「敬天之怒，莫敢戲豫，敬天之渝，莫敢馳驅。」這些詞句，

1 《易經・繫辭上》。

顯示了中國古代敬天敬德的信念，形成了儒家倫理道德的主軸。所以孔子時期的儒家倫理道德架構，能以「仁」作為總綱。說明了中華民族與希伯來民族，共同由天道信仰，發展其倫理道德行為，可知兩大民族有其先天上的精神契合。

第四節　希臘亞里斯多德首創系統倫理學

亞氏晚於孔子一百六十七年，為世界第一位百科全書式的學者，在其繁富著作中，系統倫理學十卷，由亞氏之子尼可邁出版，因而得名，稱為《尼可邁倫理學》(*Ethica Nicomachea*)。本書闡明善的本質，以及人之本性就是追求至善，進而討論善與快樂的關係。亞氏系統倫理學主要基礎在其人性論，指出人由靈魂與肉體的所構成。首先是生魂，乃動植物共同特性，會新陳代謝。生魂之上為覺魂，乃人與動物的共同生命特色。再上為靈魂，為人類所特有，因此人類乃有理智的思考，以及意志的倫理。人之可貴，在於人有思想與道德。亞氏更提出，人不但有理性，更是合群的動物，合群的規範，便是倫理與政治。因此亞氏另有八卷《政治學》(*Politica*)之作。

亞氏認為至善等於幸福，要達到幸福，便須修養道德，因此亞氏又有《幸福倫理學》(*Ethica Eudemia*)之作。亞氏指出修養道德，由於人性基於善的本質，由於理性所以能引出五種德目，包括藝術、科學、直觀、推理、實踐。至於道德的行為，則宜採取中庸之道。主張正義，節制、勇敢等德行。

除了系統倫理學及七卷《幸福倫理學》之外，尚有二卷《大倫理學》(*Great Ethics*)，亞氏強調理智分辨善惡的能力，與蘇格拉底同樣認定智者便是善人，愚者即罪惡。同時亞氏也強調責任，從而分辨自由意志與道德責任的關聯。

第二章　東方倫理學史的軌跡

第一節　猶太倫理思想

猶太民族祖先的希伯來人，公元前 3000 年，從阿拉伯沙漠遊牧到美索不達米亞，與蘇美人接觸，而熔入巴比倫文化之中，公元前 2000 年沿幼發拉底河，到達哈蘭地區，再到達迦南。由於族長亞伯蘭衷心信仰上帝，奉神旨改名亞伯拉罕，生以撒，以撒生雅各，即以色人祖先，亞氏庶出以實馬利，則為阿拉伯人祖先（回教默罕默德為其二十四代子孫）。及至摩西率領以色列人出埃及傳十誡，猶太教始為告確立。摩西死後約書亞繼承之，渡過約旦河，進入巴勒斯坦，亦即上帝應許的迦南美地，當時除當地的迦南文化外，尚有腓尼基文化、敘利亞文化、埃及文化、巴比倫文化以及屬於希臘文化系統的非利士文化，猶太人參考腓尼基文字，創造希伯來文，乃有啟示文學與先知文學。約書亞死後，進入士師時代，再進入王國時代，展開爾後之希伯來史。

猶太教又稱倫理一神教，信仰上帝全能全知無所不在，上帝為正義與仁愛之神，猶太教倫理精義在十誡。猶太人不但為上帝選民，而且上帝與其訂約，所以契約觀念，成為猶太教重要觀念。

猶太倫理思想的重點如下：

一、斐洛（Philo Judeaus，20 BC-50 AD），屬於羅馬帝國時代，著有《律法評注》，論證摩西律法之精義，務必實踐。

二、摩西・邁蒙尼德（Moses Maimonides，1135-1204）為理性主義的猶太學者，所著《迷途指南》（*Guide for the Perplexed*）等書，分析猶太法典，勉勵身體力行。

三、斯賓諾沙（Baruch de Spinoza，1632-1677）所著《倫理學》（*The Ethics*），原文為拉丁文被譯成各種文字，為猶太教近代革新鋪路。

四、現代以色列倫理思想，出現改革派，新正統派以及實證歷史派。改革派主張簡化宗教儀式。新正統派與改革派爭論的結果，部分改革了禮拜法，放寬安息日即飲食方面等限制。實證歷史派，則認為上帝乃超越現實界的，猶太教必然無條件反對一切偶像崇拜。猶太教的道德價值，在於生活神聖義務，對為窮者的公義、性慾的自我控制。

五、由於歐洲許多國家反猶太行動，尤其納粹德國對猶太人的大屠殺，促成猶太復國主義的積極奮鬥，終於在一九四八年以色列復國了，仍然秉承以往的「道德倫理規範」，主張社會平等主義，肯定民主的人道價值。每一個人都有義務，表現憐憫的品德。

第二節　中國倫理思想

中華民族基於天道觀念，夏王朝（公元前 2070 至前 1600 年），殷商（公元前 1600 至前 1100 年），西周（公元前 1100 至前 711 年）的先秦時期，就以崇尚天命而信仰上帝。與天道觀念相對的則是人道觀念。周公提出「以德配天」，認為敬德與天佑的一致性。管仲更主張：「禮義廉恥、國之四維，四維不張，國乃滅亡。」周公與管仲實用中國倫理道德思想的先導。

由於孔子整理六經，開創了儒家學派，建立以仁為道德規範的核心。孟子繼之，除了仁之外更重義，主張性善說，提倡仁政，認為民為貴，社稷次之，君為輕。

孟子將倫理與政治相結合，故曰:「天下國家，天下之本在國，國之本在家，家之本在身。」其後大學的修身、齊家、治國、平天下的程序，依此而來。孟子將道德規範，概括為仁，義、禮、智，從而提出五倫，仁義之基礎，在於孝悌。

荀子則主性惡，重禮、重視道德教育，要求「積善成德」，於是儒家的倫理道德思想，趨於完備。

董仲舒則完成三綱五常。至是儒家利定於一尊，儒家倫理道德為國人共同遵守的行為規範。

儒家倫理道德思想的發展及其他學派的有關理念如下：

一、儒家倫理思想

自孔孟荀暨孔門弟子各方面多方闡揚，諸如孔子之孫孔伋（字子思），作《中庸》，主誠，認為誠為宇宙主動力。至唐之韓愈，提倡博愛之謂仁，行而宜之謂之義。宋明理學，認為天理乃仁義禮智的總名，主張存天理去人慾，王陽明視心、性、理、良知為同一，乃人之本性 亦即善的根源，意念發動，產生人慾，惡就是遮蔽良知的結果。理學倫理思想，使儒家倫理思想發展至最高境界。但清代戴震不滿「存天道、去人慾」之說。認為有慾、有情、有知、乃仁之本性，主張「體民之情，遂民之慾」、「以情潔情」、民國以來，孫中山先生積極肯定四維八德及大學的三綱八目，為儒家倫理思想做了總結。

二、佛道倫理思想

由於佛教進入中國，加之原有道家思想，所以至唐代開始儒釋道並行，佛教宣揚靈魂不死，業報輪迴，人生極苦、涅槃為最高道德境界，以菩薩為理想入格，追求出世成佛，以「貪」、「瞋」、「癲」為三毒，以「施」、「慈」、「慧」為三根。提倡佈施、持戒、忍辱的道德原則與修行。道教宣揚長生不死，主靜去慾，超脫業世，進入極樂仙境為道德理想。遂有爾後援佛入儒，以佛濟儒之爭。

三、其他

墨家主兼愛，法家重刑罰，魏晉清談家宣揚玄學，試圖調和老莊與孔子的倫理思想，為其放蕩縱慾的「自然」生活辯護。吳稚暉曾提出「漆黑一團的宇宙觀」與「人類流的人生觀」。張東蓀則主張「綜合道德論」。馬克斯主義輸入中國後，現階段中共政權提倡社會主義的精神文明。

第三節　印度倫理思想

印度文化發源於印度河流域，公元 3000 年，達羅比荼人為當地原居民。公元前 1000 年，摩獨陀國形成，婆羅門統治開始強大。公元前 550 年，進入吠陀時期。雅利安人自北印度向東、中、南擴張，社會出現僧侶、貴族、武士、及農、工、商、貧民階級。因倫理思考。形成種姓制度。其理論依據為《梵書》進而《奧義書》。《伏陀》則為印度最早文集，亦為哲學與倫理學的開始，從贊嘆自然進而探討倫理道德。奧義者主題為「我是誰」，把倫理學置於神學之下，而婆羅門教則認為神有善惡之分。婆羅門教為印度教前身，形成於公元 700 年，公元 800 年與佛教結合而成印度教。

印度教與婆羅門教均屬多神，印度教主張因果報應及輪迴，「人的善良行為可以升天，惡行墮為畜生」。公元 800 年穆罕默德率軍攻入印度，伊斯蘭教進入印度，也促成印度教的改革而有虔誠派。虔誠企求神恩，努力行善。同時也產生了幾位啟蒙思想家，諸如賽義德・阿赫默德汗（Sayyid Ahmad Khan，1817-1898）、伊克八爾（Mohammad Iqbal，1877-1938），主張理想社會，應由「個體自我」到「集體自我」。

印度蒙兀兒帝國於 1804 年受英國保護，1856 年由英國直轄，1876 年，維多利亞女皇宣布兼印度皇帝。印度亡國後，民族運動隨之興起，倫理學家從倫理道德觀念，鼓勵印度人民振作。重要倫理學家或有倫理思想之領導人，有下列數位可作代表性人物：

一、達達伊巴・納奧羅吉（Dadabhai Naoroji，1825-1917）主張和平方式，爭取印度獨立，被尊為「印度偉人」（Grand old man of India）。

二、羅納德（1842-1901）認為宇宙有三種「存在」，即最高精神（神），個體靈魂、物質。主張社會改革，應訴之良心。

三、泰戈爾（Rabindranath Tagore，1861-1941），著名詩人，一九一三年得諾貝爾文學獎，他認為倫理的秩序，對生活的肯定。人既是有限的又是無限的，人體現著梵意，完美的人生，就是梵我如一。

四、甘地（Mohandas Karamchand Gandhi，1869-1948）印度獨立之父，被稱為聖雄。其哲學以印度教及耆那教為基礎。主張自我淨化和純潔，遵循戒規，孝行、素食，反對戰爭、堅持真理，真理即上帝。堅持真理者，必須做到公正、忠誠、犧牲、耐苦、自制、知足常樂、虔誠信神。

五、拉達克里希南（Sarvepalli Radhakrishnan，1888-1975），為印度聯邦第二任總統，他是哲學家，可能是世界上第一位實現「哲學王」理想的哲學家總統，其哲學受新黑格爾主義影響，區分了「絕對」和神，神作為運動者的絕對，是創造者。他認為生活好像打牌，牌發給我們，我們就被牌所決定，勝敗取決於我們如何玩。

第四節　阿拉伯倫理思想

阿拉伯一詞，出現於公元前 900 年，本意是荒涼，因為居住於沙漠地帶。其倫理思想，可追溯至公元前 3500 年埃及第一王朝，由於洪水為患，人們必須通力合作，道德觀念，以信仰「神靈統治」為出發點，最主要的神，乃「太陽神」。埃及人相信人死後靈魂昇天。而兩河流域居民的道德觀念，也因信仰多神，倫理行為，各有所偏，或苦行或享樂。至於阿拉伯人，由於生活在沙漠地帶，性格桀傲不馴。注重「我行我素」的「絕對自由」，但要求忠誠與慷慨，以豪俠為道德最高標準。

古代阿拉伯社會婦女地位特別低下，流行活埋女嬰等陋習，伊斯蘭教興起，努力改造阿拉伯人道德習俗，提倡友愛，但允許多妻，然不超過四個，注重清潔。伊斯蘭教範圍大於阿拉伯人。阿拉伯人主要聚居西亞和北非，二次戰後，成立沙烏地阿拉伯、伊拉克、伊朗、阿拉伯聯合酋長國、敘利亞、利比亞等國。而伊斯蘭教則遍布印尼、巴基斯坦、孟加拉等國。穆罕默德率軍征戰，深入東羅馬帝國屬地，如突尼斯、阿爾及利亞、摩洛哥等地。西班牙更是伊斯蘭教輸入歐洲的重要渠道。阿拉伯人統治西班亞達八世紀之久（711至1492年），迄十一世紀西歐各地騎士群集西班牙，協助當地基督徒，從阿拉伯人手中收復失地，也促進了學術交流。

伊斯蘭教以《可蘭經》為基礎，穆罕默德自稱受天使長迦百列指示奉真主之命，要他引導人類信奉真主，於公元622年定為回曆元年，展開其法律及道德等主張，提出每人應對自己行為負責，以至善與信道為善行的總和，認為人在真主面前都是平等的。人通過自己的行為，順真主之意，即成穆斯林大家庭之一員，必須公正、行善、誠實。自1789年，拿破崙入侵埃及，打敗奧斯曼帝國，十九世紀末至二十世紀初，阿拉伯各國之中，有的淪為殖民地，其後發生反抗行動，其倫理思想遂產生新的主張：

一、阿富汗尼（Jamal-al-Din Afghani，1838-1897）主張泛伊斯蘭主義，遂引起阿富汗率先反對英國，導致爾後的恐怖行動。

二、阿布杜（Muhammad Abduh，1849-1905）主張伊斯蘭教與現代文化相結合，呼籲進行社會改革，反對一夫多妻。

三、二十世紀以來，激進伊斯蘭主義亦稱原教旨主義，主張不免偏激，但倫敦穆斯林學院創始人巴達維，認為伊斯蘭教應應吸收現代文化，權勢應受倫理價值標準約束，財產應根據宗教法公平分配，尋歡作樂，也應受倫理道德標準限制。

第五節　日本倫理思想

日本原稱倭奴國，公元七世紀大化革新之前，僅有直觀的道德習性與道德觀念。

公元 712 年，日本始編成《古事記》，認為神統即皇統。但重視生命，認為生命由神而出，主張性開放。公元 720 年又編成《日本書紀》，偽造皇家世系，以提高皇室地位。而且認為靈魂有兩種，一為善的，一為惡的。

日本文化實際上是廣義的神道文化，神道教只是一種統治手段。神道理論主張宇宙由三個世界組成，一為上天，為諸神居住之地。二為地下，即陰間，為惡鬼居住的黑暗世界，兩者之間就是人世，有善有惡，有吉有凶。多神共存，而傳國於統治者，故稱天皇，以日本人為天照大神的選民。日本之有倫理思想，始自中國文化傳入。隋唐以前，中國文化經由朝鮮傳入日本，佛教和道教也相繼傳入。所以日本天皇重紫色，源自玉皇大帝居於紫宮。

大化革新（公元 645 年）後，日本進入律令制國家時期，天皇在政治上保持中立，重視公家倫理，沖淡儒家血親差序原則，聖德太子（公元 574 至 622 年）決心仿效中國建立中央帝國，故有以後的「十七條憲法」，而形成大化革新，日本才有律令，乃產生「清明心」與「淨明直誠之心」的道德觀念。日本倫理思想，遂有以下的發展：

一、由於武士作為貴族爪牙，重視義務，乃有「武士倫理」，以死護主，天皇與幕府之間，不斷鬥爭。蓋以公元 1192 年，賴朝源當上征夷大將軍，顯示幕府政權的建立。但因武士倫理形成武家政治，長達七百多年，從而產生主從關係的道德觀念，包括勇武、知恥、節制、自律等項目。且寫成「御成敗式目」（式目即條例），為中世紀武家法典。形成武士道精神。

二、佛教由中國經朝鮮傳入日本後，聖德太子興建了法隆寺，展開佛教在日本的傳布，而且形成淨土宗，主張信心為本，日蓮宗，敬奉「日照大神」，主張宗教信神與愛國主義合一。

三、儒家的哲學與倫理為日本吸收後，與日本原有傳統神道士道相結合。德川家康（1542-1616）時代，將朱子學與陽明學，消化成忠孝一體，由孝立家，由忠立國。但古學派興起，直接訴之孔孟之道。

四、德川幕府為日本封建制度最堅固時期，由於西洋思想也傳入，1720 年幕府第八代將軍德川吉宗（1687-1751），對鎖國令弛禁，蘭學為之興起（西洋思想傳入日本以荷蘭人為主，故稱蘭學），結合陽明學說知行合一，奠定明治維新基礎。

五、德川幕府統治長達二百五十年，1853 年美國特使佩里抵日要求開放，幕府被迫「大正奉還」，而有明治維新。日本倫理觀念，隨之更新：

(一) 永野芳夫等人主張行為倫理與境遇倫理；

(二) 丸山敏雄提倡純粹倫理，主張道德與幸福一致；

(三) 山崎正提倡新倫理社會，重視倫理道德。

第三章　西方倫理學史的傳承

第一節　希臘倫理思想

希臘處於地中海北岸，自紀元前八百年奧林匹克運動會開始，逐漸進入工商業活動。奧林匹克精神，認為有健康體魄才有健全心靈。當時詭辯學派的普羅達哥拉斯（公元前 481 至 411 年）名言「人為萬物的尺度」，說明倫理思想乃「個人的選擇」與「社會的認同」，以人作為標準，規定是非善惡。希臘哲學進入全盛時期，乃有三大哲學家的產生。三大哲學家的倫理觀如下：

一、蘇格拉底（Socrates，469 BC–399 BC）

蘇氏認為知識就是道德。蘇氏主張人必須認識他自己，從而證明人死後仍有生命，靈魂不滅以便以今生的善惡，決定死後的報應，人生的目的在追求幸福與正義，應以今生之德，肯定來世之福。此即蘇氏倫理思想的重點。蘇氏後來被判不敬神之罪，不願逃生而被處死後，弟子們分為四派：

（一）梅加拉學派，創始人歐克拉德，認為善的事實乃永恆存有。

（二）埃來納學派，創始人為費東，特別重視人的自由。以自由結合蘇氏的「自知」與「自願」，創造倫理行為。

（三）犬儒學派，創始人為安提斯得內，主張專心修德，擺脫肉體享受，以遠離物質的束縛。

（四）祈連學派，創始人為亞里斯提波，主張享樂主義，認為肉體的享樂是最大的幸福。

二、柏拉圖（Plato，427 BC-347 BC）

柏氏受教於蘇格拉底有八年之久，學習知與行，今生與來世等學說，另亦師從新米亞（Simmias）等人學習輪迴學說。又致力於形而上學的思考。柏拉圖與孔子一樣，希望其學派能得到主政者的採納實行，可是並不如願，乃退而講學，創辦西方第一個類似學院的「柏拉圖學園」，講授哲學、數學、天文、生物等等課程。柏氏著作很多，其倫理學說，認為倫理乃善，但也是美與真。所以柏氏的倫理學，並不指向人與人之間的關係，乃是要從現實的「我」走向理想的「我」。其理想國的國王，應該是最有學問的哲學家，柏氏死後，其學說形成了新柏拉圖學派：

（一）新畢達奇拉斯學派，重視內修與行為，由輪迴到達極樂世界。

（二）普羅丁（Plotinus，204-270）被視為新柏拉圖派的代表人，提倡宇宙是一整體，主張人的內心應嚮往「至善」，有類於我國「存天理，去人慾」的看法。

（三）波菲利（Porphyrios，233 -305）到羅馬隨普羅丁學習了五年。他調和了希伯來思想與羅馬時期的希臘文化，以柏拉圖的善，即創造宇宙的上帝。

三、亞里斯多德（Aristotle，384 BC-322 BC）

亞氏為柏拉圖得意學生，柏氏原欲選擇另一學生迪安，其人品學特優，惜為同學卡力波所妒嫉，予以謀殺，以致學園發生挫折，

幸有亞里斯多德亦為柏氏所賞識，繼承其學說，加以發揚光大，更創系統倫理學，開世界倫理學體系的先河。（參看第一章第四節）

第二節　羅馬倫理思想

亞里斯多德逝世後，雅典逐漸沒落，曾為亞氏弟子的亞歷山大大帝，先亞里斯多德一年而英年早逝，亞里斯多德學院由其學生德佛拉杜斯主持，偏愛形而上學研究，亦即老逍遙學派。德氏死後，學院研究方向終於偏重倫理學，討論幸福的本質，重視心靈的滿足，遂有新逍遙學派產生，創始人為安得羅尼可斯，搜集並出版了《亞里斯多德全集》，引起各方面學者研究。

當時羅馬帝國全國人民生活驕奢淫逸，遂有伊彼鳩魯學派（Epicureanism）的出現。伊比鳩魯（Epicurus，341 BC-270 BC）主張享樂理由是：人的結構亦為原子，原子構成感覺，感覺舒服和快樂，即合乎人性，亦即善。否則違反人性，亦即惡。因此人生應及時行樂，但此派與新連學派等交往後，修正其學說，指出快樂可分為兩種；順乎自然的，才是真快樂，非自然的，僅是肉慾支配的，有損健康，引起煩惱，反而內心痛苦。所以要以倫理生活，達到無煩惱。甚至以苦難，換取未來的快樂和幸福，這就進入宗教的氣氛當中。

與伊比鳩魯學派對立的為司多噶學派（Stoicism）。創始人為齊諾（Zeno of Citium，334 BC-262 BC），主張理性為生活的指導原則，提倡淡泊名利，避離人際關係。學說重點及影響如次：

一、鼓勵修行，節制肉體慾望，採取順從作自然的生活方式。

二、倫理學說的重點在於責任，每人責任在於淨化自己身心，不受污染。

三、倫理規範在於理性與節制，應壓抑肉慾的橫流。

四、本派最初為隱居修行，易流於個人主義，其後逐漸進入群體主義，瞭解人人平等內涵，遂開世界主義的觀念，與中國所謂「四海之內皆兄弟也」正相符合。

第三節　歐美倫理思想

一、中世紀的倫理思想

繼希臘羅馬兩大系統的倫理思想之後，由於耶穌基督降生，經過基督徒秉承熱愛上帝的赤忱，犧牲奉獻，基督教終於在公元 292 年成為羅馬國教。基督教倫理思想逐漸成為歐美倫理思想的主軸：

（一）聖奧古斯丁（St. Augustine，354-430）

聖奧古斯丁所著《論自由意志》（*On Free Choice of the Will*）、《上帝之城》（*City of God*）及《懺悔錄（*Confessions*），均能表達倫理思想，承傳使徒保羅思想，認為在世德行要歷練心靈，與神契合。提倡四樞德，正義、聰明、勇敢、節制。更強調信望愛三超德。而以十誡作為行善避惡的律令。

（二）聖多瑪斯阿奎那（St. Thomas Aquinas，1124-1274）

聖多瑪斯阿奎那所著《哲學大全》、《神學大全》等書，集天主教神學思潮的大成。其倫理理念，綜合柏拉圖、亞里斯多德、奧古斯丁等倫理思想的精華，而置倫理重點於自然律，亦即神律之上，人亦必須實踐四樞德與三超德。

（三）陶勒（John Tauler，1300-1361）

陶勒著有《證道集》等書，勸人要過宗教生活，認為人與上帝也可以是朋友，因為人與上帝是朋友，也因此與別人亦成朋友關係。陶氏乃西洋十三世紀宗教狂熱的哲學家，與厄克哈（Meister Eckhart，1260-1327）、蘇色（Henry Suso，1295-1366）三人均為德人。陶氏學說勸人為善，十分通俗，極受歡迎。

中世紀的四世紀中西方倫理思想，相當穩定。由於十三世紀士林哲學主要是把理性與信仰分開，乃有主意主義與主知主義的對立，倫理思想有下列幾位主要代表：

（一）東斯哥德（J. Duns Scotus，1265-1308）

東斯哥德被教會封為「聖母博士」，著有《亞里斯多德形上學注釋》、《論靈魂》等書。東氏認為創造，靈魂不死等觀點，非理智可以解釋，但意志可以接受，意志乃靈魂最基本力量，倫理行為就是由自己意志負責，產生價值判斷。

（二）歐坎（William of Ockham，1288-1348）

歐坎著有《倫理祭與基督聖體》（*De sacramento altaris and De corpore christi*）等等，主張恢復唯名論，認為唯名論就是知識論，因為一切存在都是單獨的，並無「共相」。人如只知追求功名利祿，內心便不會有平安，倫理道德應重視觀察自己的內心。

（三）愛拉斯謨（Desiderius Erasmus，1466-1536）

為文藝復興時期著名人道主義者，他的倫理道德思想，特別重視人道與寬容的觀念。

文藝復興後繼之宗教改革，歐洲倫理思想有了重大進展，代表人物極為傑出：

（一）馬丁路德（Martin Luther，1483-1546）

馬丁路德因反對教廷發行贖罪卷，發動宗教改革，其個人靈修不絕，認為好好禱告，便是走上靈修的一半，在因信稱義的前提下，作為一個基督徒，應完全效法基督，才可以成為倫理道德完全的人。

（二）加爾文（John Calvin，1509-1564）

加氏在1536年出版的《基督教原理》（*Institutes of the Christian Religion*）一書，為宗教改革運動中最具系統的著作。其倫理道德觀念，重視仁慈，並認為高尚的藝術與優良的訓練，可助人充分明白真道。

（三）法蘭西斯培根（Francis Bacon，1561-1626）

法蘭西斯培根由於所著《新工具》（*Novum Organum*）一書，提倡歸納法的實際方法而著名。其倫理道德觀念，在所著《論文集》（*Essays*）中，討論善德和善性，認為善德就是博愛，善性則指所好，但須有正確的理性，指導善德的習性。

二、近代倫理思想

進入十八世紀，歷史便進入近代了。但自十七世紀以來，人本主義思想為高漲後，設法以理性權威，取代傳統信仰權威，倫理道德觀念也隨之分歧。

（一）霍布士（Thomas Hobbes，1588-1679）

霍布士曾任培根秘書，與加利略等常往來。認為人性的基層仍是物質結構，為求生存，人的倫理是肉弱強食，因之必須加強社會組織。正義與慈悲，雖可提出，但並無普遍性有效性。

（二）笛卡兒（René Descartes，1596-1650）

笛卡兒與培根一樣，強調科學的目在於征服自然。且提出道德規則，主張服從國家法律與風俗，行動堅決不移，應盡量克服自己，而不去克服命運。應改變自己慾望，而不去改變世界秩序。

（三）斯賓諾沙（Baruch de Spinoza，1632-1677）

斯賓諾沙之專著《倫理學》（*Ethica Ordine Geometrico Demonstrata*）一書，係 1677 年出版，第一部份即論神，在倫理上相信神的恩惠，拯救人類於淪亡、信仰不是純理論，而是需要實踐，實踐即愛，愛上帝，愛世人，愛是合一的原動力，亦即人性免於淪亡，能與神，與自然結合的唯一保障。

由於牛津大學偏重自然科學研究，導引經驗主義理念，而劍橋大學則較注重觀念論研究，重視新柏拉圖主義，於是直觀主義興起：

（一）亨利・莫爾（Henry More，1614-1687）

亨利・莫爾著有《倫理學提要》一書，認為倫理學乃良好生活的藝術，對善應趨就，對惡應引避。對於善應報以善，不應報以惡。服從上帝，勝於服從人及自己的慾望。

（二）昆布蘭（Richard Cumberland，1631-1718）

昆布蘭乃反對霍布士倫理思想而出名，因為霍布士是主張人性是自愛或自利，昆氏認為人性乃仁愛。霍氏認為自然法乃來契約或約定，昆氏則主張自然法乃來自上帝。

（三）洛克（John Locke，1632-1704）

洛克著有《人類悟性論》（*An Essay Concerning Human Understanding*）一書，討論道德與宗教的原則，認為道德成於經驗與習慣，與上帝並無直接關係。不相信人的意志，可以完全自由。一切人類並不都承認信義和公道是道德原則。

十七世紀十八世紀英國經驗主義倫理學一枝獨秀，功利主義理念大為蓬勃，又繼以進化觀念：

（一）休謨（David Hume，1711-1776）

休謨所著《道德原理探微》等書，討論善惡、對錯、正義等德行問題，並且直探動機，他與霍布士一樣，均認為人性貪賞怕罰。又認意志本身不是自由的，受制於慾望、行動、環境等因素。

（二）邊沁（Jeremy Bentham，1748-1832）

邊沁是系統的功利主義學說創始人，所著《道德與立法原理》（*Introduction to Principles of Morals and Legislation*），提出苦樂感情是人性或道德的基礎，最大多數人的最大幸福，便是一切社會道德的標準。

（三）斯賓賽（Herbert Spencer，1820-1903）

斯賓賽於 1870 年出版其《倫理學原理》（*The Principles of Ethics*）一書，認為道德中義務感佔有重要地位，主張社會是有機體，不斷在進步。

德國於十八世紀興起理性主義倫理學，即觀念論流行：

（一）康德（Immanuel Kant，1724-1804）

康德所著《道德的形而上學基礎》（*Groundwork of the Metaphysics of Morals*）一書提出：唯一的絕對的道德善，就是善良意志，善良意志是一個人要過幸福生活的必須條件。實踐理性所研究的就是道德。而自由這個觀念，乃解釋意志自律的關鍵。

（二）費希特（Johann Gottlieb Fichte，1762-1814）

費希特所著《根據知識學原理的倫理學體系》（*The System of Ethics according to the Principles of the Wissenschaftslehre*）一書，將康德的理性或自律的善良意志，推進一步作為人格上一切特點的創造源泉，道德世界優於自然世界。

（三）黑格爾（Georg Wilhelm Friedrich Hegel，1770-1831）

黑格爾把道德與倫理加以區別，前者是個人道德，後者是社會道德。意志為實現自由，必須有制度為其歸宿與保證，所以良心必須發實到客觀的社會制度上。在《法哲學原理》（*Elements of the Philosophy of Right*）一書，黑氏提出道德應表現於行為。

繼德國古典哲學時期之後，德國又興起一股唯意志論的倫理學思潮：

（一）叔本華（Arthur Schopenhauer，1788-1860）

叔本華著作為《意志與表象的世界》（*The World as Will and Representation*），其後擴編為《倫理學的兩個基本問題》（*Die beiden Grundprobleme der Ethik*）。叔氏初持悲觀主義，其後承認利人行為亦為幸福來源。

（二）尼采（Friedrich Wilhelm Nietzsche，1844-1900）

尼采所著《善惡的彼岸》（*Beyond Good and Evil*）、《道德的系譜》（*On the Genealogy of Morality*）等書論及倫理道德，呼籲「重新估價一切」，主張強力意志，否認人類道德傳統。尼采有詩人哲學家之譽，理念猖狂。

（三）馬克斯（Karl Marx，1818-1883）

馬克斯為黑格爾主義左派，把黑氏「絕對精神」的自我實現改變為階級鬥爭，與恩格斯（Friedrich Von Engels，1820-1895）等人，成為共產主義與唯物論的代言人。

進入十九世紀，歐美思想家中，在倫理學方面的其他重要人物：

（一）祈克果（Søren Kierkegaard，1813-1855）

祈克果被稱為存在主義始祖，認為存在先於本質。分人生為三層面：感性、理性、信仰。由於亞伯拉罕的信仰，展示人神關係的極峰，更穩定了人性的存在。

（二）赫胥黎（Thomas Henry Huxley，1825-1895）

由於 1859 年達爾文《物種起源》（*Origin of Species*）一書出版，赫氏加以大力鼓吹，所著《進化論與倫理學》（*Evolution and Ethics*）、《科學與道德》等論文，對同情、良心、榮譽感、正義等論題，加以討論，形成超自然主義倫理學，唯不及斯賓賽的看法。

（三）格林（Thomas Hill Green，1836-1882）

格林任教於牛津大學，走上德國觀念論之路，所著《倫理學導言》（*Prolegomena to Ethics*）指出個人的自我基本上與普遍的自我等同，也是上帝的自我的部份。

（四）愛默生（Ralph Waldo Emerson，1803-1882）

愛默生受到歐陸超越主義及英國實用主義觀念論影響，愛氏倫理思想主張，自我就是自然的創造力，憑本性就能對道德有所領悟。

（五）羅益士（Josiah Royce，1855-1916）

羅益士與愛默生一樣，均認為人生的目的在於自我完成。而自我的完成，在於自我利益與群體利益的相合一。

三、現代西方的倫理思想

從十九世紀末葉進入二十世紀，科學進步迅速，倫理學也顯得派別多采多姿，最先出現的是：

（一）克魯泡特金（Peter Kropotkin，1842-1921）

克魯泡特金是俄國貴族，自 1882 年居住倫敦，著有《互助論》（*Mutual Aid: A Factor of Evolution*），以反對達爾文的進化論，所著《倫理學的起源與發展》（*Ethics : Origin and Development*）一書，強調人類有結合與互助的慾望，主張社會和諧。道德終極目的就是互助。

（二）摩爾（George Moore，1873-1958）

摩爾提倡非自然主義，所著《倫理學原理》（*Principia Ethica*），主張善的概念不是自然的，而是人在行為反省之後，做了善行，才知道何為善。

（三）羅斯（David Ross，1877-1971）

羅斯於 1939 年出任哥倫比亞大學教授，1944 年任牛津大學副校長，注釋亞里斯多德著作，被稱為權威，著有《倫理學基礎》（*Foundations of Ethics*）等書，乃溫和的義務論直覺主義倫理學。

摩爾，羅斯等非自然主義者，主張直觀的倫理思想，而歐洲大陸的哲學方法，思辯多於分析，亦即現象學觀念的倫理學：

（一）布倫他諾（Franz Brentano，1838-1917）

布倫他諾所著《道德知識源始》（*Vom Ursprung sittlicher Erkenntnis*）及《倫理學基礎與架構》（*Grundlegung und Aufbau der Ethik*）等書，他從描述心理學把心靈分為想像、判斷、感情三方面。分辨善惡的標準，跟隨亞里斯多德的經驗及公意。

（二）舍勒（Max Scheler，1874-1928）

舍勒所著《倫理學中的形式主義與質料價值倫理學》（*Der Formalismus in der Ethik und die Materiale Wertethik*）等書，將現象學引導至倫理學中，認為客觀價值的階層架構，最上層的是宗教價值，次為文化價值，最基層為物質價值，每一階段，均有道德內涵。進入道德世界，則需愛與同情。

（三）哈特曼（Nicolai Hartmann，1882-1950）

哈特曼所著《倫理學》（*Ethik*）認為倫理乃價值哲學的一部份，而倫理價值又是價值中最高者，倫理生活高於意識生活，能把存有帶向價值。

倫理學上的自然主義非自然主義，都屬於認知主義，認為倫理學可成為認知的對象。但是有人認為倫理學可以作為學問來討論，即非認知主義：

（一）赫格斯東（Axel Hägerström，1868-1939）

赫氏乃瑞典人，提倡情緒說，認為道德語句不是理性所可認識，它既非先驗又非經驗，而是屬於人性的情緒部份。善、應該、對等等，均是感情上的表達。

（二）羅素（Bertrand Russell，1872-1970）

羅素為著名英國哲學家，著書八十多種，論文數千篇，主張道德感情說，為情感主義倫理學健將，1950 年得諾貝爾文學獎。所著《倫理學要素》（*The Elements of Ethics*）等書，提出價值源於慾望和感情。其學生維根斯坦（Ludwig Wittgenstein，1889-1951）則進而提倡絕對情感主義倫理學。

（三）斯蒂文生（Charles Stevenson，1908-1979）

斯蒂文生乃美國現代情感主義倫理學的總結者，所著《倫理學與語言》（*Ethics and Language*）一書，影響極大。

繼情感主義倫理學之後，西方倫理學，又有語言邏輯分析學派的倫理學出現：

（一）圖爾閔（Stephen Toulmin，1922-2009）

圖爾閔先後任教英美各著名大學，1972 年任克勞恩大學哲學系教授，所著《推理在倫理學中之地位》（*An Examination of the Place of Reason in Ethics*）一書提出：道德判斷與科學判斷相同。他的看法影響到黑爾，使現代倫理學從情感主義成普遍規定主義。

（二）黑爾（Richard Mervyn Hare，1919-2002）

黑爾乃發代語言分析倫理學的主要代表，所著《道德語言》（*The Language of Morals*）、《道德概念論文集》（*Moral thinking : Its levels, method, and point*）等書，指出道德語言是一種規定語言，因為道德本身是以特殊語言功能來指導人們的行為。由於黑爾的普遍規定主義，講學遍及各國，1987 年也到過中國講學。

（三）羅爾斯（John Rawls，1921-2002）

羅爾斯自 1962 年任教哈佛大學以來，擔任「哲學評論」等數家有世界聲譽的刊物撰稿人，為著述等身的學者，不涉足公眾政治講壇，而以《正義論》（*A Theory of Justice*）一書成名，他強調社會正義，提出共同體的善之理念。

十九世紀末至二十世紀，由生命哲學進而形成生命倫理學，成為一股現代倫理學思潮：

（一）居友（Jean Marie Guyau，1854-1888）

居友為現代法國生命倫理學先鋒，十九歲以〈功利主義理學研究〉（Mémoire sur la morale utilitaire）一文，榮獲法蘭西倫理學政治科學院獎學金，其後的代表作為「無義務無制裁的道德概論」，反對基督教倫理學及功利主義倫理學等理念，企圖從生物學，特別是進化論解決倫理學問題，不認為倫理學非假定義務與制裁不可。

（二）柏格森（Henri Bergson，1859-1941）

柏格森父母皆為猶太人，所著《道德與宗教的兩個來源》（*Les Deux Sources de la morale et de la religion*）等書，反對達爾文及斯賓賽的進化論，認為綿延或真正的自我，是最真實的實在，是萬物的泉源和本質。而生命之流的源頭來自上帝。

（三）詹姆士（William James，1842-1910）

詹姆士是美國現代著名心理學家，哈佛大學醫學博士。受柏格森哲學影響，所著《宗教經驗型》（*The Varieties of Religious*

Experience）等書，指出觀念是行動的工具，效果是判定觀念真假的標準，有利於行動，能帶來滿意結果的觀念，就是真理；反之，就是虛妄。宗教經驗與生活經驗及科學經驗一樣，是實在的，有用的，宗教教義在它的效用範圍內，也是真實的。

由於詹姆士的實用主義哲學理念，興起美國實用主義倫理學：

（一）皮爾士（Charles Sanders Peirce，1839-1914）

皮爾士為美國實用主義創始人，其學術涉及邏輯、數學、歷史等各方面。倫理學觀點受愛默生影響，提出信仰須是愉快的狀態，尋求排脫懷疑，就能獲得信仰，信仰的顛峰，便是對上帝信仰，從而形成行為規範。

（二）杜威（John Dewey，1859-1952）

杜威在詹姆士等實用主義哲學的基礎上，杜威在教育哲學，特別在倫理學方面，加以發揮，所著《倫理學》（*Ethics*）等書，仍以工具主義為中心，亦屬一種自然主義倫理學，屬於道德相對主義，認為倫理學乃是價值行為的科學，應評估正當與不當，善與惡的行為研究與規範。

（三）米德（George Herbert Mead，1863-1931）

受到皮爾士等的影響，米德發展了實用主義的社會行為論，這種社會行為，是從實驗心理學的基礎上發展而來。

二十世紀二十年代至六十年代存在主義形成顯學，其倫理學觀念對青年一代頗有影響：

（一）雅士培（Karl Jaspers，1883-1969）

雅士培於 1909 年畢業柏林大學，獲哲學博士，任教各大學，他不但是哲學家，也是心理治療學家，所著《存在哲學》(*Philosophy of Existence*)，把存在分為宇宙的存在，神的存在及自我的存在三種，認為生存的人，離不開存在的宇宙，與存在的神。他的交往哲學，表達了倫理觀點，指出人與人交往便可建立人際關係，唯有透過信心，才可以與別人相處，人應相信神，神是實有，有絕對的道德規律。

（二）海德格爾（Martin Heidegger，1889-1976）

繼祈克果之後，海氏提出「原始倫理學」，走向人的現實此在本身。所謂「此在」為存在的核心。在世的存在，包括人與人，人與物的打交道，海氏稱之為「煩忙」，人生的真理就在於良知與決斷。

（三）沙特（Jean Paul Sartre，1905-1980）

沙特是胡塞爾的學生，二次大戰時被俘在納粹集中營，獲釋後繼續寫作，所著《存在與虛無》(*L'Être et le Néant*) 為其倫理學代表作，提倡絕對自由本體論，認為從本體論上言，人的自由是絕對的，但是境況自由卻受到限制。所以每個人不能不自由地存在，同時又不能不在具體境況之中存在。

二十世紀七十年以來精神分析學仍方興未艾：

（一）弗洛依德（Sigmund Freud，1856-1939）

弗氏四歲時全家逃避德國人迫害，遷往奧國維也納定居，弗氏以心理動力學研究神經病與心理病，第一部名著為《夢的解析》(*The*

Interpretation of Dreams），進而討論人心、人性、人情、人格，以及社會文化、道德、宗教等問題，指出性與愛乃生命的情結，提倡人格分析倫理學。但其「唯性史觀」並不科學，被評為片面而狹隘。

（二）弗羅姆（Erich Fromm，1900-1980）

因納粹迫害，1934 年移居美國，他在二十二歲便榮獲海德堡大學博士學位，曾在德國精神分析學會柏林研究院從事心理學研究，來美後任教耶魯等名校，提倡人道主義倫理學，糾正了弗洛依德的偏差。

現代宗教倫理學可分為新托瑪斯主義倫理學、基督新教新正統派倫理學、人格主義倫理學等三派：

新托瑪斯主義倫理學代表人物為馬里坦（Jacques Maritain，1882-1973），1907 年在德國海德堡大學修習生物學及宗教哲學，對托瑪斯阿奎那哲學思想發生興趣，其後來美任教哥倫比亞等名校，所著《完整的人道主義》（*Humanisme intégral*）等書，提出存在的形而上學，揭示人的倫理存在特性，反映倫理宇宙，人的真正發現，即是上帝的重新發現，上帝是絕對至上存在。而人的存在構成中，靈魂是最根本的，也是人的肉體生活的第一原則，由個體善到共同善，從而構成「完整的人道主義」。

基督新教新正統派倫理學的代表人物有：

（一）卡爾・巴特（Karl Barth，1886-1968）

卡爾・巴特為繼馬丁路德、加爾文以來之當代神學權威。1918 年出版之《羅馬書注釋》（*The Epistle to the Romans*），其第二版驚動歐洲神哲學界，其倫理觀點，以上帝之絕對正當的信仰，作為世俗倫理正當的基礎，倫理問題不但是善惡問題，也是責任問題。巴特指出「倫理問題支配一切」，形成其神正倫理觀。

（二）尼布爾（Reinhold Niebuhr，1892-1971）

尼氏發揮了巴特的基督教倫理學精神，應用於人性，原罪、信仰、愛、公正和希望等道德層面。1932 年發表道德的人與不道德的社會一書，批判民族和階級的自私與虛偽的本質。《基督教倫理學釋義》（*Interpretation of Christian Ethics*）一書，發揮更為深入，豎立其基督教應用倫理學之規模。

（三）田立克（Paul Tillich，1886-1965）

田立克原籍德國，就學於柏林大學，曾獲哲學博士學位，擔任過大學神學系主任，1933 年遭納粹放逐，由尼布爾介紹到紐約協和神學院任教，1951 年出版其《系統神學》（*Systematic Theology*）後，在美國神學界，具領導地位，晚年集中精力研究倫理問題，以存在主義分析現代人困境，要擺脫困境，唯有信仰絕對存在的上帝。

人格主義倫理學的代表人物有：

（一）鮑恩（Borden Parker Bowne，1847-1910）

鮑恩曾在紐約大學習神學，並在德國求學，返美後，大部分時間執教于波士頓大學。一生提倡完整人格倫理，強調道德生活以善、義務與美德三者，乃最基本的道德概念，主張倫理與宗教的聯盟關係。

（二）佛留耶林（Ralph Tyler Flewelling，1871-1960）

佛留耶林乃美國第二代人格主義倫理學的中堅，在鮑恩門下，發揚鮑恩理念。認為人類不可能獲得絕對自由，因為世界永遠是彼此關聯，個人是有限的，而人類則永遠處於不斷創造和求進步之中。

（三）布萊特曼（Edgar S. Brightman，1884-1953）

布萊特曼亦為美國人格主義倫理學的第二代最具影響力的人物，深入研究詹姆士主義，提倡價值人格倫理學，強化上帝人格的價值意義，著有《人格與宗教》（*Personality and Religion*）等書。

（四）培里（Ralph Barton Perry，1876-1957）

第二世界大戰之後，美國對倫理學的研究傾向於自然主義倫理思想，主要創始人培里，所著《價值的一般理論》（*General Theory of Value*）及《價值領域》（*Realms of Value*）等書，提出善、美、真、聖、可欲、值得、責任等概念，培里直接指明：上帝是一切最高價值的統一體。培里突出上帝是一切最高價值的統一體，也顯示了基督真理的永恆價值，啟迪世人進一步體認基督教值得信仰，從而樹立正確的價值觀念。

世界文化體系的倫理觀念與道德行為

第一章　文化涵義與類型

第一節　文化涵義

文化一詞，我國首見於西漢劉向《說苑》一書，其中〈指武〉一篇云：「凡武之興為不服也，文化不改，然後加誅。」〈晉束皙〉云：「文化內輯，武功外悠。」(《昭明文選》)，王融〈三月三日曲水詩序〉：「設神理以景俗，敷文化以柔遠。」而我國有文化一詞之前，先有文明一詞。《易經・乾卦》中〈文言〉云：「見龍在田，天下文明。」〈賁卦象〉辭：「文明以止，人文也。」又云「觀乎天文，以察時變，觀乎人文，以化成天下。」孔穎達《周易正義》云：「觀乎人文以化成天下，言聖人觀察人文，則侍書禮樂之謂，當法此教以化成天下也。」是以程頤《易傳》曰：「人文，人倫之倫序，觀人文以教化天下，天下成其俗禮。」顧炎武《日知錄》云：「自身而至於天下國家，制之為制度，發之為音容，莫非文也。」

西方學者對文化一詞之釋示，更為詳盡，且衍成文化學之專科。1871 年英國人類學家泰勒（Edward Burnett Tylor，1832-1917）在其《初民文化》(*Primitive Culture*）一書云：「文化乃是社會上每一份子所獲得的知識、信仰、法律、道德、風俗以及藝術文學等的之能力與習慣的複雜整體。」美國史學家桑代克（Lynn Thorndike，1882-1965）在《世界文化史》(*A Short History of Civilization*）序言云：「文化是指一個民族或國家無論在精神方面或物質方面所建設的總成果。」若依據美國當代人類學家克魯伯（Alfred Kroeber，1876-1960）與克羅孔（Clyde Kluckhohn，1905-1960）合著的《文化，其概念與定義之檢討》（*Culture: A Critical Review of Concepts and Definitions*）一書，對文化內涵，其定義達一百六十四種之多，亦足見文化內容之繁複了。

第二節　文化類型

創立哈佛大學社會學系之素羅鏗教授，認為文化類型有三大分別，一、為理念文化，又稱觀念文化；二、為感性文化，又稱感覺文化；第三則係合理念文化與感性文化之長，而稱為中庸文化，又稱理想文化。

但是一般文化學者，認為文化類型實屬多元，分析言之，為從地理史觀言，文化可分東方文化與西方文化、兩者又可分為亞洲文化、歐洲文化、美洲文化等等，又可再分為埃及文化、中國文化、印度文化、希臘文化、羅馬文化、美國文化等等。其下又可再依地域而區分之。

從時代言，可分為古代文化、中古文化、近代文化、現代文化。

從政治觀點言，可分為資本主義文化、社會主義文化、乃至三民主義文化。

從經濟角度言，可分為農業文化、工業文化、商業文化。

從日常生活看，則有飲食文化、服飾文化、住屋文化等的表現，乃至在學術上有哲學文化、科學文化的分野。人類努力成果上，更可分為物質文化、精神文化。可知文化概念，至為廣泛。

第三節　宗教文化

人類倫理道德的思想與行為，主要來自宗教信仰。亦唯有宗教信仰，決定倫理觀念與道德行為。依歷史過程及當前動態言：以基督教文化薰陶下的信徒人數，約佔全人類的三分之一，因之基督教文化成為當代文化的重心，自無疑義。其次為佛教，再其次回教。而事實上現存世界宗教至少仍達十一種之多，其倫理觀念與道德行為，自屬有所分別了。

第二章　倫理觀念的不同與道德行為之差異

第一節　基督教文化啟迪下的倫理觀念與道德行為

由於創世記說明人是按照上帝的榮耀形象而造成，所以人類具有十分崇高尊貴的地位。因此耶穌說：「你們要完全，像你們的天父完全一樣。」[1]「你要盡心、盡意、盡力愛主你的上帝，其次是愛人如己。」[2]在愛主與愛人如已的前提下，基督教道德信條是仁愛、誠實、清潔、不自私、謙卑，並具有主動性，所以說：「要愛你們仇敵，為逼迫你的人禱告。」而摩西所傳達的十誡，從第一誡至第四誡，為人事奉神的誡命，第五誡至第十誡，則為人與人之間的誡命。遵循摩西十誡，與基督登山寶訓八大要領，基督教的倫理觀念及道德行為可謂完備。

第二節　儒教文化薰陶下的倫理觀念與道德行為

儒家「昊天」、「上帝」二辭雖早見於堯典、舜典，但孔子以「人道」代指「天道」，因此儒之道統有五綱領，即法天、遵道、盡性、

---

1 《馬太福音》第五章四十八節。

2 《馬太福音》第二十二章三十七節至四十一節。

安命、為仁。立身亦有五綱領，即立誠、修己、盡孝、行義、揚名，而以中庸為儒家道德範疇的基本準則。而人生的目的，一則心安理得，易繫辭所謂「樂天知命」，同時追求的是「與天地合其德，與日月合其明」[3]，進而「太上有立德，其次有立功，其次有立言」，終能「流芳萬世」。「子貢問曰，有一言可以終身行之者乎？子曰，其恕乎？已所不欲，勿施於人。」[4]，也就成為儒家倫理觀念與道德行為的極致了。

第三節　佛教文化開導下的倫理觀念與道德行為

佛祖釋迦牟尼提出「苦諦」、「集諦」、「滅諦」、「道諦」的四大真理，以及「正見」、「正思」、「正言」、「正業」、「正命」、「正神」、「正念」、「正定」的八大正道。他認為人的一切悲痛、煩惱、惡念皆從「貪、嗔、癡」三大病而來。人要修行，當以「四諦」、「八道」為基本。佛教在修持上，則以「皈僧、皈法、皈佛」為步驟，先「出世」而後「入世」。佛教的德行項目主要五項，所謂不殺生、不邪淫、不妄語、不妄貪、不偷竊。佛教從婆羅門教原有天道、祖道和第三道的三道輪迴信仰，予以擴充而成為「六道輪迴說」，旨在求其倫理觀念與道德行為的警惕。

3　《易經・乾卦》。
4　《論語・衛靈公》。

第四節　回教文化教訓下的倫理觀念與道德行為

回教較基督教約遲五百餘年，且擷取猶太教與基督教的若干教義。但卻只以耶穌為眾先知中的一位先知而已。回教以阿拉伯半島為發源地，阿拉伯人認為其係亞伯拉罕的兒子以實瑪利後裔。其信仰自岩石崇拜、祖先崇拜、鬼靈崇拜，以至於 Allah 神的崇拜，中文譯為「阿拉」。從而編成可蘭經，並將教祖言行，編成「聖諭」。回教徒信阿拉，信仙使（天使）、信經典、信先知、信前定、信末日與死後復活。其禮儀包括五功（念功、拜功、齋功、戒功、課功、朝功）、潔淨（重視心靈清淨以及肉體潔淨），且重視小穢及大穢之守則。回教徒的禁忌很多，成為其倫理觀念與道德行為的導引。

第五節　道教文化誘發下的倫理觀念與道德行為

道教為中國本土創立之宗教，《史記・封禪書》與《漢書・郊祀志》，為道教之前身，繼奉老子《道德經》為經典，但實淵源於戰國時陰陽家之齊人騶衍的學說。秦始皇到處封禪，尋求長生不老。漢武帝繼之，乃有東漢孫道陵的創教。南北朝時始逐漸為人所崇奉。李唐更尊為國教，北宋亦兩度崇道，元代亦然，但至明朝以後逐漸式微。道教信奉神仙，以玉皇大帝及三官大帝為最顯赫。道教信徒的倫理觀念與道德行為，則隨個人的認知而無固定標準，但亦重因果報應。

第三章　倫理觀念道德行為的內在關鍵

人類倫理觀念與道德行為本質上大同小異，人畢竟有良心、良知與良能，因之世界文化的種種因素而互異，但倫理、道德、行為規範，仍有理性及感情的調和。

比較起來，基督教真理的優越性一為其罪惡觀，認為人一出生，即帶有原罪。二為救贖觀，人的罪惡必須靠救贖而得赦免。三為來世觀，認為死人復活，並有禧年的國度之來臨。聖經有關上述真理的闡述十分詳盡，聖經教訓，內容亦十分堅定，因此有助於推行倫理道德教育，進而扭轉人類命運。

第四章　當代倫理應有內涵與基本德目

第一節　當代的意義之歷史分析

一、當代的歷史界說

人類歷史，代代相傳。其過程可分為文字發明以前之「史前時代」，亦稱「傳說時代」，文字發明以後，則為「歷史時代」。人類文明最早發源於西亞底格里斯與幼發拉底兩河流域，伊甸樂園實即位於古代之巴比倫，即今伊拉克境內。自是展開歷史進程。自古代、中古、近代、現代、乃至於當代。二十世紀即已進入現代。二十年代以至今，皆可視之為當代。

二、二十世紀之特徵

自亞里斯多德創演繹法，以迄 1600 年法蘭西斯・培根創歸納法，人類知識一方面研究有生命的生物學，一方面研究沒有生命的物理學，因之自牛頓發明萬有引力說，與 1905 年愛因斯坦發明相對論，二十世紀特徵之一，即為知識的爆炸。電腦、資訊、自動化時代的來臨，當代已進入高科技新工業時期。

三、二十一世紀的展望

第二次世界大戰，因原子彈投擲於日本而告結束，但因世界分裂為兩大集團，致有韓戰、越戰的相繼爆發。另一方面聯合國的成立，為調停以阿戰爭等等，事實上作了不少努力。尤其自東歐變革，蘇聯解體，「區域統合」的形勢更加明顯，所謂「地球村」的觀念，正逐漸形成。但人口遽增，種族衝突等危機，仍然將為二十一世紀帶來許多困擾。

第二節　當代的道德現象

一、當代世界道德淪喪的現象

以美國為例，雖然乃當代世界首屈一指的超級強國，但以 1996 年為準，其吸毒人數據統計超過二千萬人以上，每年消耗金錢逾一千億美元以上，每年謀殺案逾三萬件以上，每六對家庭，即有一對離婚，因各種犯罪而導致社會成本損失每年逾五千億美元。五百萬兒童營養惡劣，甚至流浪街頭。紐約黑社會控制十萬以上兒童作為犯罪工具。電視及電腦網路，其副作用及被利用為犯罪的手段層出不窮。在社會壓力的因素下精神狀態欠正常者逾三千萬人。因貧窮有賴救濟人數逾二千五百萬人。美國尚且如此，其他世界各國的犯罪率，也都一年比一年上昇，黑社會的猖獗，成為普遍社會的隱憂。

二、世界道德重整運動何以失敗

二次大戰後，美國福克曼博士曾發起世界道德重整運動，除了召開過多次的世界性會議，以及在理論上作了若干闡揚外，尚難發揮其應有的社會功能，而且不久也就沉寂了。推其失敗原因，乃由於功利主義的心理，人們需要的是現實的利益，道德卻缺乏約束力。因之當代道德理想教育，一向令人感到困惑。

英國邊沁（Jeremy Bentham，1748-1932）的理論，認為苦樂通常有四個來源，即自然的、政治的、道德的、和宗教的。這四種來源，均可為法律和道德提供約束力，亦即四種制裁。事實上此四種制裁，是被動的，而非主動。約翰穆勒也重視道德制裁問題的重要性，所以主張除了外部制裁外，更須內在的制裁。所謂內在的制裁，亦即人類的良心，所以當代在西方道德教育心理研究中，外部制裁與內部制裁的合一，未能獲得正確的答案，此即世界道德重整運動最終仍歸於失敗之導因。

三、當代道德行為應有的基本德目

面對當代道德淪喪的社會危機，一般而言，先從家庭德育做起，從小養成良好的習慣，諸如食有定量，作有定時，物有定位，進而建立親睦的家屬關係。而學校的教育目的，應養成德、智、體、群、美五育的均衡發展。社會教育的原理，更在於養成良好的社會性的習慣，包括在思想上養成自覺的活潑的善良習慣，堅定正確的觀念和意識，在言語上養成說安慰人鼓勵人勸人為善有益於人的話，在態度上養成謙虛和靄可親，見人微笑。行為上更能有利人及不違背人倫的常規。

所以當代道德的基本德目，實際上應包括了愛惜自己的生命，也愛護四週的環境與重視人與人之間的良好關係，俾能樹立祥和社會的新典範。然而誠如愛因斯坦在其最後一篇著作的文字裡，強調世界問題的癥結還在人心。愛氏內心深處，認為人如不能從上帝的愛心獲得救贖，罪是洗不掉的。所以當代又有新道德運動的興起，吾人認為，如能與新倫理運動相配合，涵蓋儒家及基督教德目，則倫理與道德才有真正展現的一日。

儒家倫理學的理論與實驗

第一章　理論重點

第一節　禮

《論語‧泰伯》：「興於詩，立於禮，成於樂。」〈季氏〉篇：「不學禮，無以立。」〈堯曰〉亦云：「不知禮，人無立也。」故〈曲禮〉云：「夫禮者所以安親疏，決嫌疑，別異同，明是非也。禮不妄說人，不辭費，禮不踰節，不侵侮，不好狎。修身踐言，謂之善行，行修言道，禮之質也。禮聞取於人，不聞取人。禮聞來學，不聞往教。道德仁義，非禮不成，教訓正俗，非禮不定，班朝治軍，蒞官行法，非禮，威嚴不行；禱祠祭祀，供給鬼神，非禮，不誠不莊。是以君子恭敬撙節退讓以明禮。」《說文》訓「禮」為「履」，《荀子‧大略》篇云：「禮者，人之所履也。」又云：「禮者，人者履之。」《禮記‧仲尼燕居》云：「言而履之，禮也。」〈白虎通情性〉篇：「禮者，履也，履道成文也。」〈仲尼燕居〉又云：「禮也者，理也，君子無理不動，」孔穎達疏云：「理，謂道理。」《左傳‧隱公》云：「禮，經國家，安社稷，序人民，利後嗣也。」再，《淮南子‧齊俗訓》云：「禮者，體也。」又云：「禮者，體情制文者也。」所以明代章潢在《禮總序》中說：「禮者，理也。在天曰天理，在地曰地理，在人曰脈理，在人倫曰人理，在木曰修理，分支節明，脈絡貫通，至纖至要，秩序不淆。」今本禮記，九萬餘字，四十九篇。梁啟超《要籍解題及其讀法》云：「欲知儒家根本思想及其蛻變之跡，則除《論語》、《孟子》、《荀子》外，最要者為《兩戴記》。」

（兩戴指戴德、戴聖）編成《禮記》後，漢末馬融傳之，自鄭玄《注禮》，孔穎達《禮記正義》以來，迄今以高仲華《禮學新探》，《大戴禮記今註》為大家。

第二節　仁

蔡元培《中國倫理學史》云：「儒家以仁統攝諸德。」《尚書・堯典》：「克明俊德。」《尚書・皋陶謨》的〈九德〉等篇未及言仁，但《論語》談仁達百餘處。〈學而〉：「巧言令色，鮮為仁。」〈里仁〉：「唯仁者能好人，能惡人。」子曰：「苟志於仁矣，無惡也。」又云：「君子去仁，惡乎成名，君子無終食之間違仁，造次必於是，顛沛必於是。」〈雍也〉：「子貢曰：如有博施於民，而能濟眾，可謂仁乎？子曰，何事於仁，必也聖乎？堯舜其猶病諸。夫仁者，己欲立而立人，己欲達而達人。能近取譬，可謂仁之方乎。」〈顏淵〉：「顏淵問仁，子曰，克己復禮為仁，一日克己復禮，天下歸仁焉。為仁由己，而由人哉！」顏淵曰：請問其目，子曰：非禮勿視，非禮勿聽，非禮勿言，非禮勿動。」又云：「仲弓問仁，子曰，出門如見大賓，使民如承大祭，己所不欲，勿施於人。在邦無怨，在家無怨。」司馬牛問仁，子曰，仁者其言日訒。樊遲問仁，子曰，愛人。樊遲未達。子曰舉直錯諸枉，能使枉者直。〈子路〉：「樊遲問仁，子曰：居處恭，行事敬，與人忠，雖之惡狀，不可棄也。」又曰：「子曰：剛毅木訥，近乎仁。」〈陽貨〉：「子張問仁於孔子，孔子曰：能行五者於天下，可謂仁矣。請問之。曰恭寬信敏惠。恭則不侮，寬則得眾，信則人任焉，敏則有功，惠則足以使人。」

舉上諸端，可見《論語》對仁的釋示，極為週詳。

第三節　孝

《說文解字》云：「孝，善事父母者也。」《禮記》亦云：「孝者，畜也。順於道，不逆於倫。」孔子論孝，《論語》為主。「孝弟也者，其為仁之本歟？」「子曰：弟子入則孝，出則弟，謹而信，汎眾愛而親仁。」「孟懿子問孝，子曰：無違。樊遲御，子告之曰，孟孫子問孝於我，我對曰：無違，樊遲曰，何謂也？子曰生事之以禮，死葬之以禮，祭之以禮。」「孟武伯問孝，子曰，父母唯疾之憂！」「子游問孝，子曰今之孝者，是謂能養，至於犬馬，皆能有養，不敬何以別乎？」「子夏問孝，子曰色難，有事弟子服其勞，有酒食先生饌，曾是以為孝乎？」「季康子問，使民敬忠以勸如之何？子曰，臨之以莊則敬，孝慈則忠，舉善而教不能則勸。」「或謂孔子曰，子實不為政？子曰，孝乎唯孝，友於兄弟施之有政，是亦為政，闕其為為政。」「子曰：孝哉閔子騫，人不間於其父母昆弟之言。」「敢問其次，宗族稱孝焉，鄉黨稱弟焉。」

《孟子》繼之有云：「未有仁而遺其親者也。」「壯者以暇日修其孝弟忠信，入以事其父兄，出以事其上長。」「老吾老以及人之老。人人親其親，長其長，天下平矣。」「孟子曰：世俗所謂不孝者：惰其四肢，不顧父母之養，一不孝也；博奕好飲酒，不顧父母之養，二不孝也；好貨財、私妻子，不顧父母之養也；三不孝也，從耳目欲以為父戮，四不孝也；好勇鬥狠，以危父母，五不孝也。」「堯舜之道，孝弟而已矣。」

至於《孝經》所謂：「夫孝天之經也，地之義也，人之行也」，又謂「人之行，莫大於孝」，釋示尤為精微。

第二章　實踐標竿

儒家倫理對三綱、八目、五常、四維、八德、六步驟，均有深刻的認識，作為思想的準繩，從而堅定信心，發之於行為。儒家倫理，從理論到實踐可謂一以貫之，亟待發揚光大。其行為規範如下：

第一節　以四維八德為主旨

《易經・大壯卦・象傳》:「君子以非禮勿履。」《論語・泰伯》:「恭而無禮則勞（繁瑣），慎而無禮則葸（畏怯），勇而無禮則亂（粗野）直而無禮則絞（偏急）。」《孟子・萬章》:「其交也以道，其接也以禮。」〈學而〉:「禮之用，和為貴。」義與乾卦利德同位，《乾卦・文言》云:「利者義之和也。」孔子云:「理財，正辭，禁人為非曰義。」(《繫辭下傳》),《中庸》第二十一章:「義者宜也，尊賢為大」。

廉，《論語》僅一見。〈陽貨〉云:「古之矜也廉，今之矜也忿戾。」〈述而〉:「不義富且貴，於我為浮雲。」實皆明辨義利。《孟子》多言廉，如〈離婁〉云:「可以取，可以無取，取傷廉」，盡心:「居之似忠信，行之似廉潔。」而孟子云:「人不可以無恥，無恥之恥，無恥矣。」顧炎武《日知錄》云:「人之不廉而至於悖禮犯義，其源皆生無恥，故士大夫之無恥是為國恥。」是以孔子「行己有恥」[1]，作為修身基本條件。以上四者，管子云：「禮、義、廉、恥，國之四維。」由四維再進而八德，忠孝乃八德之首，孔子重忠信，《易》云：「君子進德修業，忠信，所以進德也。」孝，乃承仁之前為道德中心。愛，顏淵云：「樊遲問仁，子曰愛人。」孟子：「仁者愛人」[2]，韓愈說：「博愛之謂仁。」〈述而〉：「子以四教，文、行、忠、信、」孟子云：「父子有親，君臣有義，夫婦有別，長幼有序，朋友有信」。易經云：立人之道，曰仁與義」，孔子說：「見義不為，無勇也」(〈為政〉)，孟子更重視義利之辨。故《孟子》七篇，用義字達一百零六個。

第二節　以仁字說攝諸德

由於固有道德，名目繁多，即以《論語》一書言，德目達三十九個之多：敬、信、儉、愛、孝、悌、仁、重、忠、溫、良、恭、讓、莊、慈、友、寬、禮、慎、勇、直、弘、毅、清、正、和、剛、木訥、智、義、遜、敏、惠、廉、恥、恕，或謂論語與中庸講知、仁、勇三道德，孟子言仁、義、禮、智四德，漢儒配合五行，乃言仁、義、禮、智、信五常之德。但儒家以基於「天地之大德日生」[3]，「天何言哉！四時行焉，百物生焉，天何言哉！」[4]。儒家之仁，體現天地好生之德，成為人際關係的原則，《易經・乾卦・文言》：

---

1 《論語・子路》。
2 《孟子・離婁》。
3 《易經・繫辭下》第一章。
4 《論語・陽貨》。

「君子體仁，足以長人」，《論語・衛靈公》：「仁也者，人也，合而言之，道也。」是以仁字涵蓋面最大。

第三節　以孝為百善之先

《論語》論孝，達十三章之多，由於孝乃百善之先，孝道不但可以齊家；而且可以治國，所以《孝經》一書，上自天下，下至庶人，均與孝道均有密切之關係，遂有孝治章之闡述，最後達到「天下和平」。

基督教倫理學的歷史階梯

第一章　舊約倫理學

基督教倫理學亦稱「道德神學」，以神的意旨為最高原理。摩西傳達十誡，為舊約倫理學的基本範疇。舊約倫理學的第一要義為宇宙倫理學，分析言之，又分下列諸端：

第一節　宇宙倫理學

耶和華上帝創造天地萬物，而以宇宙為無限的延伸。《詩篇》第十九篇，彰顯上帝的大能：「諸天述說上帝的榮耀，穹蒼傳揚祂的手段。」所以宇宙的本體就是神，而宇宙的進化，說明神創造宇宙的定律。所以柏格森的突創進化論，摩爾的層創進化論，均以上帝乃進化的原動力。因此宇宙倫理學，首先應以敬拜上帝為中心，此即十誡前五誡均以神為前提。

第二節　生命倫理學

生命為上帝所賦予，因此生命必須尊重。《詩篇》第一三九篇第十三節說：「我的肺腑是你所造的，我在母腹中，你已覆庇我」。又說：「我未形成的體質，你的眼早已看見了。」《以賽亞書》第四十九章第一節說：「我出生以前，耶和華就選召我，自出母腹，他就題我的名。」足見《聖經》對胎兒的地位，十分肯定。

第三節　生態倫理學

天地萬物，有其自然法則。整個地球的生物，須能保持生態的平衡，始能維護地球的穩定。但是二十世紀以來，人口增加過速，以致森林被砍伐，動物被殺戮，超過其應有限度，導致生態的破壞，造成地球本身的危機。因此環境保護與生態平衡的維持，構成生態倫理學的首要課題。

第二章　新約倫理學

耶穌基督道成肉身，新約倫理學繼承舊約倫理學而來，首先就是耶穌在世親自宣示的倫理，基督的第一條誡命，便是你當盡心盡力愛主你的上帝，又當愛你的鄰舍，因此新約倫理學，便以愛為中心，新約倫理學概括言之，便是信望愛的倫理學，正如使徒保羅所說：如今常存的就是信望愛。信望愛倫理學又可衍生新的倫理規範。

第一節　個人倫理學

每一個人蒙恩得救，身體便成為聖靈的殿堂[1]，因此信徒應知保重身體，所謂「健全的心靈，寓於健康的身體」，一切阻擋真正公義的邪情私慾，都應當捨棄[2]，為著奉獻自己生命為神作工，基督徒反對自殺，誠如德國哲學家費希特所說：「自殺者等於說，我不再盡我的本分了。」

第二節　家庭倫理學

始祖亞當夏娃的誕生，上帝所給予的誡命，本是夫妻合而為一，永不分離，耶穌在長大成人的家庭生活中，他有五個兄弟姊

1　《哥林多前書》第六章十九節。
2　《路加福音》第十二章十六節以下。

妹[3]耶穌更把家庭看作原係上帝所設計不可破壞的秩序，也是人類社會的基本制度[4]，家庭關係等於上帝與人以及人與人的關係的樞紐，家庭倫理的重要，是十分突出的。

第三節　教會倫理學

教會是建立在基督的磐石上，教會裡每一個弟兄姊妹，都是基督的肢體。每一個基督徒對教會有其應盡的義務。所以世界各地的基督徒應該保守增進團契的精神，而且是屬靈的團契[5]。教會乃是所有基督徒組合而成，這正是耶穌所說教會的定義[6]，因而信徒更應為教會合一運動，秉承以弗前書第四章第一節所指出的合一問題，作為展望二十一世紀來臨之際共同努力的目標。

第四節　社會倫理學

人類社會，以每一家庭作為單位，由家庭構成社區，因通婚而成氏族，而宗族，而種族，而民族。民族與民族間的通婚，則構成民族的融和。所以血統、語言、文字、風俗習慣等因素，以宗教與文化為重心，其整個人際關係，便以社會倫理為標竿，尤應重視下列諸端：

3　《馬太福音》第十三章五五節。
4　《馬可福音》第十章六節。
5　《以弗前書》第一章二十一節至二十三節。
6　《馬太福音》第十六章十八節。

一、師生倫理

耶穌傳道時，首先宣召西門、彼得及其兄弟安得烈以及雅各與約翰為門徒，其後又有八門徒參與，師生倫理便建立了。「學生不能高過先生」[7]，正是師生倫理的寫照。

二、工作倫理

耶穌在許多比喻中，強調好的僕人，必然是好的工人。保羅說：「我未曾白吃人的飯，倒是辛苦勞碌，晝夜工作。」[8]因此，人人須遵守工作倫理。

三、責任倫理

責任倫理亦即群眾倫理，基督徒為社會一份子，故須對社會負責，保羅說：「我們沒有一個人只為自己活。」[9]基督徒應把人帶入正途[10]。要善待客旅[11]。更須向主耶穌負責，因為教會乃基督的身體[12]。

---

7 《馬太福音》第十章第二十四節。
8 《帖撒羅尼迦前書》第二章及後書三章。
9 《羅馬書》第十四章七節。
10 《加拉太書》第六章一至五節。
11 《羅馬書》第十二章十三節，《希伯來書》十三章第二節。
12 《哥林多前書》第十二章三十七節。

第五節　政治倫理學

人具有社會性與政治性。基督徒必須向國家負責，於是產生政治倫理。政治倫理特重下列幾點：

一、義務倫理

作為一個國民，有其公民義務，如當兵、納稅、接受教育等。耶穌認為人該向君王負責，所以願意納稅[13]，保羅不願意放羅馬公民權[14]，認為國家威信應予尊重[15]。

二、死刑倫理

始祖犯罪，「死」字就出現了，創世記第九章六節說「凡流人血的，他的血也必被人所流。」因此犯有死罪的人，其死刑難以人道觀點予以免除。

三、戰爭倫理

人類背負原罪以來，歷史過程即以戰爭時期超過和平時期。歷史雖充滿戰爭，但戰爭倫理則約束不得虐殺無辜，俘虜亦應照顧。主耶穌說：「凡動刀的必死於刀下。」[16]

13　《馬太福音》第十七章第二十二節。
14　《使徒行傳》第二十一章二十二節。
15　《羅馬書》第十三章一至九節。

第六節　經濟倫理學

始祖犯罪，不但出現「死」的刑罰，而且又必終身勞苦，才會從地裡得吃的。於是人類的經濟行為便開始了。既有經濟行為，於是產生經濟倫理：其特質置於下列諸端之上：

一、財富倫理

不謀不義之財[17]，也不貪愛錢財，要以自己所有為足[18]。耶穌曾指責富人生活奢侈，卻故意積欠工資。只重人的外表華麗，對窮人惡意歧視[19]。

二、企業倫理

人類經濟發展，乃基於企業精神的發揮，因為亞當之後，人類已經知道自己必須努力維獲自己的生存。耶穌在世，說了許多比喻，都是一種啟示倫理，例如葡萄園的比喻，正是企業倫理的寫照[20]。

---

16 《馬太福音》二十六章五十一節。
17 《彼得前書》第五章二節。
18 《希伯來書》第十三章五節。
19 《雅各書》第一章及第五章。
20 《馬太福音》第二十章。

三、施受倫理

為富不仁，乃人之大罪，因此，耶穌勸人當積財寶於天上[21]，要認定「施比受更有福」[22]。

[21] 《馬可福音》第十章十七節至二十一節。
[22] 《使徒行傳》第二十章第三十四節至三十六節。

第三章　聖經倫理學精義

舊約倫理學與新約倫理學，綜合構成了整個聖經倫理學的體系。聖經倫理學的精義有三：

第一節　綜合倫理

保羅指出人是具有靈、魂、體三大特質，動植物皆有體魂，而人除體魂之外，更有靈。上帝是個靈，必須用心靈和誠實敬拜神，而相信上帝的人，都熱心行善[1]，於是靈魂體三者成為綜合倫理，身體可當作活祭敬獻神[2]。

第二節　神學倫理

基督教倫理學有其神學特質，這些特質分析言之，有下列幾項：

---

1 《提多書》第三章八節

2 《羅馬書》第十二章一節。

一、三位一體倫理

聖父聖子與聖靈，顯示上帝的全能。因此耶穌基督道成肉身降世為人，聖靈則適時充滿（詳閱四福音書）主耶穌則特別警告：褻瀆聖靈的罪不得赦免[3]。

二、復活倫理

主耶穌基督由死裡復活，基督徒才有最大的盼望，因此保羅每次講道，必定提到復活的基督[4]。信徒的重生，實際上正是由舊人變成新人，進入倫理的新境界。

三、效法倫理

信徒經得救而重生，他的最高行為規範，便是效法上帝與耶穌。《創世記》第一章第二十六節二十七節，指出上帝照自己形像造人，因此人當效法上帝。所以古希臘哲學家畢達哥拉斯（Pythagaras）有名言：「效法上帝。」柏拉圖也勸人「效法上帝」。基督徒必須效法基督，學習基督[5]。復活倫理與效法倫理，正是保羅倫理教訓的特色。

---

3 《馬太福音》第十二章二十一節。
4 《使徒行傳》第十三章第三十節至三十七節。
5 《以弗所書》第四章十七節至二十四節。

第三節　審判倫理

基督教倫理最高法則便是審判倫理，人生的終點，就是耶穌和上帝的審判台[6]。審判過程如次：

一、境遇倫理

被譽為美國基督教倫理學首席權威的弗雷傑（Joseph Fletcher，1905-1991）於 1966 年發表其《境遇倫理學》一書，提出倫理亦須隨著環境而變遷，無絕對標準，應視當時境遇而作判斷。依此看法，因此有人並無機會認識基督，不能經由主耶穌而到天父那裡去[7]。所以天主教主張，若一個人按良心做事，而其居心行為都隱含基督真理，亦可得救，這是境遇倫理所能解釋的極致。不過境遇倫理強調善惡不在事件的本身，乃視當時情況而定，則令人不能不提出質疑。

二、末日倫理

《馬太福音》第二十四章特別強調主耶穌降臨之前的預兆，尤其第十四節說：「這天國的福音要傳遍天下，對萬民作見證，然後末期才來到。」因此，在世界末日之前，傳播福音到普天下去，乃基督徒最大的使命，從而作為末日倫理的憑藉。

---

[6] 《羅馬書》第十四章第十節。
[7] 《約翰福音》第三章五節。

三、自由倫理

始祖之被創造，上帝已有當面提示，而始祖卻聽從蛇的誘惑。可見人類自始即由上帝賦予自由意志，善惡由你自己選擇。《約翰福音》第八章三十一節特別申言：「真理使你得自由。」因此你應以自由意志，選擇善與惡，全部聖經訓誨，都是從自由倫理作出發點。

第四章　基督教倫理學的本質

基督教倫理學，雖然分從舊約倫理學與新約倫理學，二者合一而成聖經倫理學，而衍生出宇宙倫理學、生命倫理學、生態倫理學以及個人、家庭、教會、社會、政治、經濟等具體行為依據，但是實際上其本質又有三大範疇：

第一節　創造倫理

上帝的創造模式，從時間與空間的輪廓，形成整個宇宙。再從而創造天地萬物，以至人類的誕生，構成完美的創造倫理體系。所以宇宙是有秩序的有規則的與有原理的，從而展現創造倫理的完美。

第二節　救贖倫理

由於人類始祖犯罪，因此上帝乃有救贖的步驟。上帝救贖的三大計劃，亦即救贖倫理的三大階段，不但是恩典的，更是積極的。救贖計劃分述如下：

一、第一階段的創世時期

上帝創造天地萬物，以人類的創造為最高的創造。原已預料始祖可能犯罪，因此予以告誡。果然始祖受了誘惑，遂發展了人類罪惡史的開端，但是人性仍有善良的一面，因此以諾能與上帝同行，挪亞也能接受上帝的誡命，亞伯拉罕更有堅定的信心，均蒙上帝賜福。但人們卻又圖謀建造巴別塔（the Tower of Babel）想要通天，上帝認為人類太狂妄，使他們口音言語變亂了，無法在一起工作。所以巴別塔是象徵罪惡勢力，用來比喻混亂，甚至要向上帝挑戰。此後人類陷入罪惡泥淖，且愈陷愈深了，所多瑪、蛾摩拉兩城的毀滅，實在是給予人類最大的警告。

在創世時期，神將一切結果子的蔬菜，和一切樹上結的果子，賜給人們作為食物[1]，也將地上一切昆蟲，海裡的魚，凡活著的動物，都可以作為食物[2]。因此人類生活的衣、食、住、行以至教育娛樂，都有相當的安排，實即文明與文化的起源。

創世時期，上帝不但差遣天使與人交往，而且耶和華神也多次向人類顯現，先後向亞當、夏娃、該隱、以諾、挪亞、亞伯拉罕、摩西等多人親自應許立約（詳閱創世記有關章節），足見神的大愛是毫無保留的，而且這些人大都能享高壽。

---

1 《創世記》第二章二十九節。
2 《創世記》第九章一至五節。

二、第二階段的選民時期

挪亞三個兒子的宗族，各隨他們的支派立國，洪水之後，他們在地上分為邦國[3]。亞伯拉罕屬閃族（前節提及）後裔，由於他對耶和華神的絕對忠誠，因此耶和華祝福他為萬民之父，以色列人終於成為上帝的選民。

以色列人在埃及受痛苦，耶和華神就要以救贖方法，使他們出埃及，到那牛奶與蜜之地，在西奈半島飄泊四十年，終於進入迦南地，其救贖恩典以設立逾越節，最為重要[4]。

摩西傳示十誡，將十誡寫在石板上，稱為「法版」安放之「約櫃」，乃以色列人的聖物，十誡乃猶太教及基督教倫理的總綱。然而當摩西上山歷四十晝夜，以色列人竟鑄造金牛犢，作為祭拜的對象。此即爾後以色列國運坎坷的起因。

三、第三階段的福音時期

以色列人雖貴為上帝選民，卻不知自愛，其鬥爭史及亡國史，實即人類歷史縮影，前已言之，因此，上帝在他兒子耶穌基督中彰顯上帝的本質，耶穌基督就是上帝，不過道成肉身（三位一體中的第二位）。四福音書記載耶穌的降世，樹立了世界歷史的新里程，因此一切歷史演進，均以耶穌基督降世為起點。

耶穌降世，帶來了平安喜樂，榮耀回歸天上的神，但平安卻給予他所喜悅的人，提示了人類歷史的根本準繩，尤其他受死後三日

---

3 《創世記》第十章三十二節。

4 《出埃及記》第十二章。

復活，不但在世四十日，先後向抹大拉的瑪利亞以及其他婦女，也向彼得與十位使徒，向以馬忤斯兩門徒、向十二位使徒、向眾使徒甚至向五百多弟兄，連同保羅及約翰，都先後顯現了。

基督升天後，最重要的莫過於吩咐門徒們到普天下去傳福音給萬民族聽，直到地極。耶穌說：「我是道路、真理、生命，若不藉著我，沒有人能到父神那裡去。」依此指標，展開基督教的傳遍天下。

第三節　天國倫理

天國應指上帝的居所，乃得救的靈魂與上帝同享永福之處，由於上帝有眾多的侍從，亦即天使，基督教神學中的天使學研究，探討天使在上帝拯救人類過程中的中間作用，以及天使與基督之間的關係。天使分為九級，《以賽亞書》第六章第二節所述天使撒拉弗為第一級，有六個翅膀，飛翔在上帝寶座的週圍，《以西結書》第一章及第十章所說之天使，亦為環繞上帝寶座的周圍。此外有神權天使、神德天使、神力天使、主權天使及天使長與普通天使。撒旦即是一位天使，不聽上帝命令而被貶變為魔鬼者，可知天國亦須倫理作為規範。《約伯記》第一章記載：有一天，上帝眾子來侍立上帝面前，撒旦竟然也在其中，並與上帝辯論約伯的忠誠問題。耶穌基督也曾受撒旦的試探。《啟示錄》第二十章預言撒旦將被捆綁一千年。

綜而言之，基督教倫理學的優越性在於：

一、基督徒能信奉耶穌基督為救主，罪得以赦免，個人完全重生，並且以信心支持行為，足以鼓勵並堅定其「信心沒有行為也是死的」的理念。

二、基督教倫理學的內涵，從個人以至整個宇宙，範疇是全面的，從今世到來生，完美無缺，殊非任何文化體系所孕育的倫理道德所能比擬。

三、世界多元文化現象，面臨難題，均能從《聖經》——新舊約全書——中獲得解答，倫理學的疑惑，也可在聖經中獲得解答。

儒家倫理學與基督教倫理學之比較

第一章　上帝觀之比較

第一節　儒家上帝觀

天，即上帝。堯典：「肆類於上帝」，（類祭名），召誥：「皇天上帝」。湯誓：「予畏上帝，不敢不正」。詩經：大明：「皇矣上帝」。正月：「有皇上帝」。

公元前十二世紀周族首領文王在位，商則紂王在位，公元前101年，周武王（姬發）滅商，西周開始，自周接替殷商之後，上帝之名，周人改為天，鄭玄云：「上帝者，天之別名。」[1]。按，孔子出於殷而生於魯，合承殷周文化，適周問禮於老子，遍讀周寶藏書，師郯子，研究周之官制，交友如鄭子產，晏平仲，蘧伯玉等，皆列國名卿。《莊子・天運》篇云：「丘治詩、書、禮、樂、易、春秋六經。」故孔子能集中國文化之大成。孔子云：「君子有三畏，畏天命、畏大人、畏聖人之言。」[2]因之儒家遂能知天、敬天、祭天、法天。且由天命、而天道、而天意。

1　見《史記・封禪書》。

2　《論語・季氏》。

第二節　基督教上帝觀

《創世紀》開宗明義云：「起初上帝創造天地。」使徒保羅在《達羅馬人書》第一章第二十節說：「自從造天地以來，上帝的永能和神性是明明可知的。」《希伯來書》第一章三節云：「他權能的命令，托住萬有。」而基督教只相信一神，《提摩太前書》第二章一節云：「只有一位上帝。」誠如《約翰福音》第一章第一節所說：「太初有道，道與上帝同在，道就是上帝。」而第三章十六節說：「上帝愛世人，甚至將祂的獨生子賜他們，叫一切信祂的，不至滅亡，反得永生。」

何以上帝必須將祂的獨生子降世，道成肉身呢？這是因人類始祖的犯罪，為人類帶來原罪。上帝是公義的，又是慈愛的，乃有耶穌基督的救贖。於是教會在初期不但有「使徒信經」的訂頒，且以新舊約聖經為基督教的信仰經典。

第三節　兩者之比較

孔子雖畏天命，但尚未認清上帝乃宇宙之主宰，故子貢說：「夫子之言性與天道，不可得而聞也」[3]，孟子也說：「聖人之於天道也，命也，有性焉，君子不謂命也。」[4]《孟子・告子下》云：「曹交問曰：人皆可以為堯舜，有諸。孟子曰：然。」此乃由孔孟的人本主

---

3 《論語・公冶長・第五》。

4 《孟子・盡心》。

義，回到「人道本位」，孔子之「畏聖人之言」，成「聖」乃中國人高尚理想，聖人即孟子所稱「人倫之至」[5]。唯儒家對屬靈生命，並不瞭解，故孔子云：「未知生，焉知死。」[6]。《哥林多前書》第十五章說：「死人復活也是這樣，所種是必朽壞的，復活的是不朽壞的。」所以復活誠非孔孟所知了。然而，誠如大明會典所說：「於昔洪荒之初兮，混濛，五行未運兮，兩曜未明，其中挺立兮，有無容聲，神皇出御兮，始判濁清，立天立地人兮，群物生生。」則又可窺中國古代的上帝觀與創世紀的理念，亦可謂若合乎節了。

[5] 《孟子・離婁上》。
[6] 《論語・先進・第十一》。

第二章　倫理標準之比較

第一節　從禮的觀點言

《周禮》全書內容，固在敘述周代的行政官制與職掌，而建國設官，在求民遂其生，各安其所。儀禮則重儀文，而時代變遷，終於完成《禮記》。由於《禮記》，方知民族文化形成淵源，且知個人行為的規範。《禮記》不特承天以治人，又對冠、婚、喪、祭朝、聘諸禮，乃至家庭生活，養老、育幼、食譜諸端，均予歸納而成禮的體系。

而基督教倫理學，無論舊約倫理學與新約倫理學，皆在追求上帝的國，作為最高的善，所以使徒保羅放膽講上帝國的道，將主耶穌基督的事，教導人[1]。作為一個基督徒，必須效法基督，從而長大，「滿有基督長成的身量」[2]。為遵照上帝旨意，遂有摩西所傳達的十誡。十誡頒布於公元前 1400 年，摩西帶領以色列人出埃及之後，秉承上帝的誡命，舊約倫理學進而形成新約倫理學，它所衍生的經濟倫理學，主張均平[3]，實際上解決了歷史上最大的經濟難題，也落實了儒家禮的目的。

1　《使徒行傳》第二十八章三十一節。
2　《以弗前書》第四章十三節。
3　《哥林多後書》第八章十四節。

第二節　從仁的觀點言

仁既統攝諸德，故《程顥語錄》云：「仁者與物同體。」[4]亦即白虎通卷八所謂「仁者好生。」」《中庸》云：「唯天下至誠，為能盡其性」，又云：「自誠明，謂之性。」因此儒家論仁，須從以良心，作為倫理判斷的主體。孟子說：「親親而仁民，仁民而愛物。」[5]又云：「愛人者，人恒愛之。」[6]唯孔子認為「性相近也，習相遠也」[7]，孟子主張：「羞惡之心，義也。」[8]，曾子說：「夫子之道，忠恕而已矣。」[9]孔子自嘆：「德之不修，學之不講，聞義不能徙，不善不能改，是吾憂也。」[10]但孟子則認為「君子有三樂」[11]。上述諸端均由仁而衍生。

基督教倫理學，對於良心有絕對標準，所以「在神的面前，人怎能稱義？」[12]，人是「在我母親懷胎的時候，就有了罪」[13]。但是「神就是愛」[14]。所以能愛神者必能愛人，做到「愛人如己」[15]，

---

4 《遺書》卷二上。
5 《孟子・盡心上》。
6 《孟子・離婁下》。
7 《論語・陽貨・第十七》。
8 《孟子・告子上》。
9 《論語・里仁・第四》。
10 《論語・述而・第七》。
11 《孟子・盡心上》。
12 《約伯記》第二十五章四節。
13 《詩篇》第五十一篇第五節。
14 《約翰福音》第四章八節。
15 《馬可福音》第十二章三十一節。

從而饒恕他人，達到「七十個七次」[16]。那麼喜樂與仁義等成份，莫不包涵其中，亦足見基督教倫理的境界，是遠超過儒家倫理的境界。

第三節　從孝的觀點言

《中庸》云：「夫孝者，善繼人之志，善述人之事者也」。孟子說：「事孰為大，事親為大……事親，事之本也。」[17]《韓非子・忠孝》篇：「臣事君，子事父，妻事夫，三者順則天下治。」《孝經》：「孝莫於嚴父，嚴父莫大於配天。」《論語・學而篇》云：「其為人孝悌，而好犯上者鮮矣，不好犯上，而好作亂者，未之有也。」《禮記》：「曾子曰：孝者先意承志，喻父母於道。」故晉朝傳咸作《孝經詩》：「立身行道，始於事親。」由上可知儒家之孝的倫理學，有其社會功能。

基督教倫理學更重視孝道。《出埃及記》第二十章第十二節云：「當孝敬父母，使你的日子在耶和華你神所賜的地上，得以長久。」《以弗前書》第六章一至三節：「你們做兒女的要在主裡聽從父母，這是理所當然的，要孝敬父母，使你得福，在世長壽。」耶穌在十二歲時上耶路撒冷，與雙親守逾越節，在聖殿考查《舊約聖經》，其父母正尋找他，耶穌回答說：「豈不知我應以我父（指天父）事為念麼？」但仍隨父母回拿撒勒，並且順從父母[18]。由上可知儒家對父母「喻於道」，與基督倫理的「在主裡」是相呼應的。因而《中

16　《馬太福音》第十八章二十一節。

17　《孟子・離婁上》。

18　參看《路加福音》第二章末段。

庸》所謂：「敬其所尊，愛其所親，事死如事生，孝之至也」，是應該實踐的。

第三章　優點與缺點之比較

儒家倫理能直探天道，尋求人性，分析人之良心，良知與良能，儒家師承孔子，以六經為經典，提倡仁義，維護五倫，試圖以道德，作為治國平天下之主要手段，孔子強調以天命為道德的本源，道之以德，齊之以禮。孟子則以不忍人之心，發而為不忍人之政，實行仁政，尤其中庸之道，不偏不倚，儒家倫理，誠可求得人心與社會的安定，乃其優點。但其缺點，未識創造天地萬物的主宰，因此易為專制獨裁所利用，反而成為阻礙社會進步的絆腳石。

基督教倫理學，由於得自《聖經》的啟示，從而每一個人均能由得救而歸正，悔改。由信心而重生，因而產生對上帝的謙卑、感恩、順服、喜樂、盼望。自己有智慧、勇敢且知節制，不但保重自己，在對人關係上，重視正義，恩慈及誠實，進而能盡對教會及國家應盡之義務，故基督教倫理學可謂完美。

建立倫理道德的新社會

第一章　社會關懷應至誠不息

第一節　基督教倫理之對社會關懷

繼承舊約傳統，《新約聖經》要求基督徒必須也是好公民，因為耶穌在世時，也願意繳納聖殿稅[1]。保羅身為羅馬市公民，引以為榮。所以基督徒作為社會一份子，自應盡社會一份子的責任。雖然馬丁・路德認為：只要在上帝的國度內與不在上帝的國度內的兩種人同時存在，便不可能用基督之愛的原則來治理社會，但是誠如饒申布士（Walter Rauschenbusch，1861-1918）之作為本世紀初期美國教會三大思想家之一的地位，他極力提倡「社會程序基督化」，又如尼布爾，他是新教普世運動領袖之一，在其《道德的人與不道德的社會》一書（1932 年出版）中，認為個人行為比之社會行為，有更高尚的道德水準，但是他極力主張應以基督教義應用到政治和社會問題上，這都顯示基督教倫理對社會關懷的懇切。

第二節　儒家倫理之對社會關懷

儒家倫理基於「仁者，人也」的基本原理，所以儒家以實行仁愛為倫理之重心，以推行仁政為政治之目的。孟子說：「堯舜之道，

1　詳閱《馬太福音》第十七章二十四節至二十七節。

不以仁政，不能平天下。」[2]又說：「三代之得天下也以仁，其失天下也以不仁。國之所以廢具存亡者亦然。天子不仁，不保四海，請侯不仁，不保社稷，公卿不仁，不保宗廟，士庶不仁，不保四體。今惡死亡，而樂不仁，是猶惡醉而強酒。」[3]

由於孔孟學說，關懷社會，難怪素羅鏗教授要以孔子作為社會學之先驅，（見所著《當代社會學說》一書），又如美國鮑茄德斯教授之社會思想史及德國施班教授所著《社會學》等書，均與素羅鏗教授，同持此一看法，咸認儒學實際為一社會學的體系，足見儒學倫理之對社會關懷的重視了。

第三節　傳揚社會福音，喚醒世人心靈

時代進入二十一世紀，經濟發展給人以物質的高度誘惑，人類心靈，日趨空虛。因此吾人回顧當年社會福音傳播原有人道主義運動的情懷。但因社會福音根源，可追溯至盧梭的浪漫主義、達爾文的生物進化論、馬克斯經濟史觀，甚至卜施奈爾的人類烏托邦神學（認為孩子生下來就是基督徒）。從而認為「上帝是父，人為弟兄」，等於當年洪秀全的「上帝教」。因而上帝並不斤斤計較定人的罪，所以無需舊式保羅神學的基督救贖。上述觀點，違反了聖經教訓。但是社會關懷是必需的，有如施洗約翰的呼喚：「天國近了，你們應當悔改！」以新知識進一步瞭解聖經，正如「聖經密碼」一書所描述，牛頓原欲加以探討，但因電腦尚未發明，而無法解讀。而今電腦發明，發現聖經密碼，殊可證明預定論與末日論絕非虛語，妥為傳揚，即為社會福音。

2　《孟子・離婁上》。
3　《孟子・離婁上》。

第二章　新倫理與新道德運動

第一節　新倫理運動的內涵

摩西傳十誡原已顯示人與神，人與物及人與人之間三者的關係，涵蓋了宇宙倫理的整體。東西兩大文化的支柱，東方為儒家倫理，西方則有基督教倫理。基督教倫理以天道為範疇，可以包括人道。而儒家倫理偏在人道，無法上溯天道。萊特在其所著「舊約倫理學」一書，從三個角度，加以探討，主要是以神為中心，進而新約倫理，又更加延伸了。耶穌說：「人若賺得全世界，而失去生命，有什麼意義呢？」生命問題，導致了生命倫理學的誕生。而今自然生態失去平衡，要以生態倫理學予以挽救，從而廣及整個宇宙視野，而有宇宙倫理學的出現。所以過去倫理學範圍，必須予擴充，故需新倫理運動，加以宣導。

第二節　新道德運動的推行

道德與倫理原屬一體之兩面，有了新倫理運動的形態，必須輔以新道德運動的支援，方能相得益彰。人類社會的道德思想，例如希臘斯多亞學派的「理性至上，天下一家」，我國孔子「四海之內，皆兄弟也」，可說源流長遠。又如福克曼博士之世界道德重整運動，用心良苦，惜未能成功，但他的名言：「今日世界危機，是道德上危機，」確已針對當前社會病態的癥結，提出對策。然而如何能達到他所期待的做到絕對誠實，絕對純潔，絕對無私，絕對仁愛的境界？倘非獲得根本原動力，可以斷言是無法實現的。新倫理運動與新道德運動的配合，也正是旨在尋求有效的途徑。

第三節　新倫理運動與新道德運動的有效途徑

基督教倫理教導信徒應以心靈和誠實敬拜上帝。這種心靈和誠實，以儒家倫理言，就是一誠字。所以說「至誠不息」。因此推動新倫理運動與新道德運動的結合，首須拿出誠心作為原動力。儒家深信，精誠所至，金石為開，也唯有一誠字，人方能在上帝的面前懺悔，因懺悔而得救贖，由救贖，罪得赦免，也就是獲得新生命（重生），發揮人性的光輝，那麼新倫理運動與新道德運動兩者合流，自然水到渠成了。

第三章　新社會的倫理與道德

第一節　新倫理與新道德的目標

未來學家杜佛勒教授倡言第三波，因為人類社會自農業社會進步至工業社會，乃是從第一波至第二波。二十世紀的第三波，就是所謂高科技新工業的時期了。以往第一波及第二波的社會，倫理及道德是不完全的，今日第三波，又何嘗是完全？不完全，就是不完美，不完美就是無法建立新社會，因而社會充滿罪惡。雖然不至完全遮蓋光明與善良，但卻帶來世紀末的心理負擔。因此，我們期待以新倫理與新道德來建立新社會，正是基督教倫理與儒家倫理的共同責任。

第二節　新社會的新倫理

新社會的新倫理從人際關係言，政治倫理，必須建立制度，社會需要的是政治家而非政客。經濟倫理，必須正德，利用，厚生，而非惡性競爭。社會倫理，必須族群和諧，消除地域歧視。教育倫理培養尊師重道，愛護人才，家族倫理，則宜端正夫婦、父子、兄弟、姊妹以及親屬之間的相處。對己倫理，更應潔身自愛，進德修業。再進而對天人倫理的覺醒，不但對上帝的敬虔，而且愛惜物力，對自然生態，應隨時加以維護。王維詩云：「萬物靜觀皆自得，四時佳興與人同」，正表達對四周環境的愛護心情。由於天體物理學以及天文學等學科的新發現，宇宙倫理學的理念，亦正逐漸形成。

第三節　新社會的新道德

新社會的新道德，一方面重視私德，做人要做到不愧暗室， 避免所謂「小人閑居為不善」，以及流為鄉愿，偽君子，口是心非等病態，導致人格敗壞。另一方面則是積極的發揚公德心，公德心是出自內心的誠意，遵守一切公共秩序，尤其在民主社會中，相輔的乃是法治精神，法律原為最低限度的道德，單靠法律，徒法不足以自行。孫中山先生說：「人生以服務為目的，而非以奪取為目的。」服務的人生觀，也正是公德心的最佳註釋。新社會在恢復了舊倫理、舊道德之餘，對於不適合現代需要的情況，它會自然淘汰，從而產生新倫理及新道德，新社會的面貌也就自然顯現了。

第四章　邁向天人合一的境界

第一節　人道回歸天道

《摩西五經》的第一部《創世紀》，揭櫫宇宙形成與人類誕生的過程，是用希伯來文寫的，主前 275 年希臘文的七十子譯本，乃《舊約聖經》譯成另一類文字的第一次。上帝創造天地萬物，固已說明萬有真源。作為中國文化主流的儒家源已認知萬有真源，所以《易經》有：「大哉乾元，萬物資始」之言，而〈繫辭〉云：「易之為書也，廣大悉備，有天道焉，有人道焉，有地道焉」。從而言天，《書經》：「天命有德，天罰有罪」，「天道福善禍淫」，又云：「唯皇上帝，降衷於下民」，再曰：「唯上帝不常，作善降之百祥，作不善降之百殃」。孔子且慨嘆曰：「獲罪於天，無所禱也」。又自稱：「天生德於予」，孟子云：「天與賢，則與賢，天與子，則與子」，可見中國人原先認定天有最高權力及意志、仁愛、公平、無微不至。不特儒家，即以道家而言，鶡冠子云：「上天，上帝也」，又曰：「天者，百神之君也。」惜以孔子早於耶穌五百年，不明救贖之道，故有「獲罪於天，無所禱也」之嘆。而孟子之言卻符合預定論的原則。儒家竟因：「天道遠，人道邇」，重人道而遠天道。為今之計，唯以回歸天道為急務，方能認識萬有真源，做到修人道以契天道，邁向天人合一的境界。

第二節　認識萬有真源

《易經・說卦》云：「立天之道，曰陰與陽。」蓋昔者太皞包犧氏觀象於天，俯察法於地，而畫八卦，八卦以宇宙的陰陽正負兩項原理，而分八種基本要素，經變化而成六十四卦，人之法天，正所謂：「天行健，君子以自強不息。」又曰：「乾元用九，乃見天則。」《禮記・禮運》篇：「是故夫禮必本於太一，分而為天地，轉而為陰陽，變而為四時，列而為鬼神，其降曰命，其官於天也。」孔穎達《周易正義》云：「官獨法也，言聖人所為教命，皆是取法於天也。」《論語》乃有「唯天之命，於穆不已，蓋曰天之所以為天也」的注腳。宋儒邵康節提示：「心代天意，口代天言，身代天事，手代天工。」遂能達到天人合一，也是儒家最高理想，亦即中庸所謂「故至誠無息，不息則久，久則徵，徵則悠遠，悠遠則博厚，博厚則高明，博厚所以載物也，高明所以覆物也，悠久所以成物也。博厚配地，高明配天，悠久無疆。為此者，不見而章，不動而變，無為而成，天地之道可一言而盡也，其為物不貳，則生物不測。天地之道，博也、厚也、明也、悠也、久也。」上述諸論，實即以人心契合天心，以人道契合天道的方法，亦即達到天人合一的必經途徑。

第三節　確立基督中心

當代新正統主義神學大師巴特（Carl Barth，1886-1968）的學說，其中以耶穌基督為中心，乃新正統主義神學中的最大貢獻，因為基督乃真神與真人集於一身。對於基督唯有順服，蓋以耶穌基督的受死釘死在十字架，代表救贖的完成，人方能與上帝和好。巴特自從著述《羅馬書註釋》（1918 年第一版）以來，為基督教神學開拓新的紀元。由於《羅馬書》乃全面討論「神的救恩」，良以羅馬書不但剖析外邦人的犯罪，猶大人的犯罪，以至世人都犯了罪。卻因耶穌基督救贖，而白白稱義。因信稱義，乃是人類地位的變更，從前在亞當裡被定罪，如今因信在基督裡稱義，而得生命。成聖之道，則源藉著受洗與主同死、同葬、同復活，一舉一動有新生式樣，像復活的主一樣，所以成聖不是靠自己，乃是靠主，成聖不是靠肉體，乃是順服聖靈。並且羅馬書進而論到奉獻之道：對父神應絕對奉獻，遵行神旨，對教會應謙卑盡職，作肢體事奉，對世人應同情相愛，以善報惡，對政府應作善良的好公民，對事物應顧念別人，榮神益人。巴特能詳加註釋，為以基督為中心作了最深入的探討。儒學倫理追求天道及天人合一，如果能再進而確立基督中心的認識，可謂完美無缺了。

第四節　強化倫理道德

一、倫理為體，道德為用

倫理學與道德學相繼建立以來，論其分際，學者專家莫不認為兩者乃互為體用。換言之，倫理為體，道德為用，而致兩者成一體之兩面。倫理不特為人際關係，且及於人與神，人與物的關係，但是有了倫理的關係，其表現則為道德行為。所以雅各書第二章第二十六節云：「身體沒有靈魂是死的，信心沒有行為，也是死的」。這裡所指的行為，正是道德的行為，因為信心乃是對神的倫理之建立，神的誡命，人是要遵行的，否則，何能彰現神的榮耀？又何能表現人的「重生」？誠如黃梓洋博士在其《新的神學》一書談到耶穌的倫理時所說：「耶穌的倫理是神國度的倫理，是神作主的倫理，耶穌的倫理與耶穌信息和事工的全部內容是不容分割的。耶穌的倫理祇和那些經歷神治理的人有關。雖然耶穌的道德性箴言，大部份確實和猶太拉比教訓類似。但猶太倫理卻沒有像耶穌的倫理那樣，對我們有刻骨銘心地震憾。耶穌的教訓與眾不同之處，是神的國透過祂本身，已經闖入人類的歷史，因此人不祇是放在神治理的道德吩咐之下，乃是因著神治理這種非常的經歷，使人也覺悟義的新境界」。這段話正可提昇新倫理與新道德的新理念與新標竿。

二、新倫理的新理念

儒學倫理追求天道，而且嚮往天人合一，詩經周頌云：「敬之敬之，天維顯思」，充分表明了誠心敬天的心情。而天人合一，主要出發點在於力求實踐天命，法天與參天，所以必須「小心翼翼，昭事上帝」[1]。《中庸》云：「天命之謂性。」《易經》云：「與天地合其德。」又說：「天生神物，聖人則之，天地變化，聖人效之。」再云：「在天成象，在地成形，變化見矣。」這就是實踐天命而法天。孔子說：「不怨天，不尤人，下學而上達，知我者其天乎。」[2]，而孔子認為天人合一，在於人的本身，人若能盡仁，克己復禮，行

1 《詩經・大雅・大明》。
2 《論語・憲問》。

忠恕一貫之道，則自能上達天人合一。孟子則繼承孔子「以人道合天道」的路線，認為「萬物皆備於我」。

《羅馬書》第一章二十節說：「自從天地以來，上帝的永能和神性是明明可知的。」史特朗（A. H. Strong，1836-1921）在《系統神學》（*Systematic Theology*）一書中，依據《聖經》，列舉上帝存在，具有許多屬性。除了絕對及遍在的屬性外，其屬靈性，包括生命與位格，無限性包括自存、不變、統一。完全性包括真實、仁愛、聖潔。至於上帝的相對或及物的屬性，與時空有關的，包括無所不在，無所不知，無所不能。與德性有關者，包括真確與信實，慈悲與良善，公平與公義。這許多項目都是耶穌的倫理之具體本質。與儒學倫理相對照，正可彰顯新倫理的新理念，其最終目的，乃是達到「上帝之國」的實現。

三、新道德的新標竿

由於耶穌的倫理，亦即基督教倫理，是宇宙倫理學的極致，人類的任何倫理理念，只要是真的善的，也是美的，莫不涵蓋在耶穌的倫理之內。儒學倫理一旦回歸到基督教倫理，立即獲得新的生命，而有新倫理的新理念，而新道德的新標竿，如影隨形，也立即顯現出來，這些樹立了新標竿的新道德，不但發揮了人性的光輝，挽救了人性由於弱點所表現出來黑暗面的許多罪行。

然而人性有弱點，人是無法達到完全無瑕疵的，就是作為使徒的保羅，也不認為自己已經完全了，在世上，除了耶穌基督道成肉身，完全無罪，成為聖潔外，人必須等到在上帝面前，才可以成為聖潔，但是因為信稱義，在基督裡重生，秉承耶穌的倫理之信心，進而體認耶穌登山寶訓所賜的八福，你方能哀慟，謙卑，首先除去心中的驕傲。體念耶穌的告誡：「不是凡向我說主啊主啊的，就能進天國，而是那承我在天之父旨意的人，才能進入天國。」[3]

所以新道德的新標竿，首揭懺悔的警語，令人改過遷善。其實繼馬丁路德之後的宗教改革家加爾文說過：「宇宙中沒有本性是惡的，因為人與魔鬼的敗壞和軟弱，及從這個源頭出來的罪，都不是那些事物的本性，而是那些事物本性的敗壞。」這正是由於上帝賜予人類的自由意志，所以王陽明也說：「知善知惡是良知。」可知改過遷善，乃人心的一念之差，此誠新道德的新標竿的新起點了。

第五節　全球性的基督化運動

一、神學回歸聖經

中國經書以黃帝時期而言，其前就有伏羲氏之定陰陽畫八掛[4]，伏羲氏歿，神農黃帝堯舜相繼而起，皆認為「自天祐之」[5]。漢孔安國《尚書・序》說：「古者伏羲氏之王天下也，始畫八卦，造書契，以結繩之政，由是文籍生焉，伏羲、神農、黃帝之書，謂之三墳，言大道也。」孔子生天道等觀念，形成儒家重天道，甚至：「朝聞道，夕死可矣。」為敬天，故重祭祀，《中庸》第十九章云：「郊社之禮，所以事上帝也。」

3　《馬太福音》第七章二十一節至二十三節。

4　伏義事跡見《易經・繫辭》。

5　見《易經・繫辭》。

考之史籍，黃帝時期，較摩西時期，約早一千年。唯中國人之認識天，亦即上帝，尚非上帝的直接啟示，迄摩西，出始將上帝之道予以明確顯現。而中國人因孔子以天道遠，人道邇，轉而秉天人合一的餘緒，重人道，乃有以「仁」核心的倫理道德思想，孔子也由神學轉向哲學或玄學之域了。孔子之孫子思名伋，仰體孔子思想，提出出天命性道，中和與中庸，以及誠等重點。孟子出，倡仁義。荀子則認為人性惡，其善者偽也。

中國思想史雖有道、墨、法等十餘家，仍以儒學為主流，中由秦漢經學，隋唐佛學，終有宋明理學，以迄近代及現代與當代的新儒學。例如：自五四新文化運動以來，熊十力氏曾入支那內學院問學於歐陽竟無，得朱、陸精意，融會儒佛自造新唯識論，對陸、王本心之學，延伸為絕對性的本體，進而展示其宇宙論，用性智實證，以發揮陸的反省本心，王的致良知。熊氏以精研法相唯識之學，超出舊唯識論以創立新唯識論。又如馮友蘭氏，倡導新理學，馮氏之新理學，其哲學涉及心性、道德、歷史、藝術等問題，其基本觀點，無非論及宇宙之太極以至無極，由無極至太極的中間過程，而我們實際的世界。一切理以及由氣至理之一切程序，總名之曰道。道是動的宇宙。實現動之理，謂之乾元，不謂之上帝，以及認定天即上帝，可使人見之起一種感動，此即馮氏所指斯賓諾莎所謂上帝，實即其所謂天或大全。舉出以上新儒家的例子，追溯宋明理學以上的儒家思想，其實其本質皆屬神學。

基督教神學與儒家思想一樣的亦有宗派之分。

使徒保羅時期，保羅奠定基督教神學的基礎。作為猶太族，便雅憫支派而就律法說是法利賽人的保羅，由迫害基督徒，而接受「異象」感召，成為使徒，並向外邦人佈道。從以弗所、帖撒羅尼迦、哥林多、前往敘利亞、小亞細亞、馬其頓以及希臘等地，展開了傳道工作。福音在外邦人中傳播，首先引起與猶太律法關係的爭論，例如行割禮與否，即係爭端之一。希臘化的猶太人與巴力斯坦的猶太人，其看法就有不同了。一神論，反對偶像崇拜、廢止異教惡習等都成為爭執點。不過最重要的莫過於相信基督再來時，主從雲端降臨，聖徒將被提到空中與主相會，從此一起生活在天上。同時那些信基督的死者也將復活，被接到天上，基督來時，仍活著的人，將被改變形狀，因為復活的乃是靈性的身體，而非血肉之軀，卻是與天使一樣，由一種光彩奪目的材料所構成，與主的榮耀的身體相似。所以復活乃是靈魂被賦予新的天上之身，進入天國。基督的寶血，開闢了通往神聖上帝的新道路，基督徒有了主的代禱，就可以懷著信心，來到上帝的施恩寶座前，人獲得了接近上帝的自由。

其後從世界性觀點，繼保羅之後的基督教神學的掌門人，先有奧利金（Origenes Adamantius，185-251）以希臘哲學闡述基督教信仰，所著《論原理》一書，為基督系統神學先驅。公元 392 年羅馬帝國皇帝狄奧多西一世，宣布基督教為國教後，奧古斯丁成為西方拉丁語神學之父，奧氏維護了尼西亞信經的「三位一體論」，重視保羅書信中的原罪，反對自由意志的善惡選擇，認為亞當犯罪了，自由意志就失去了，人在罪惡中不能自拔，只有靠上帝的恩寵。

托馬斯阿奎那（St. Thomas Aquinas，1225-1274），原是歐洲中世紀經院哲學的代表，主張教權至上，君權神授，人生最高幸福是對上帝的嚮往，使靈魂得救。1879 年教皇利奧二世，將其學說定為天主教官方神學體系。

馬丁路德宗教改革後，特別發揮了保羅「因信稱義」。路德承認基督教所普遍接受的三種信經：使徒信經，尼西亞起信經，以後阿塔納修斯信經。此三經乃全基督教世界的教義。與路德同時致力改教的，首推加爾文。加爾文認為上帝的無上權能，乃道德的體現者。十七世紀的威斯敏斯特信經，則係英國議會於 1693 年成立的一個委員會通過，定名為「基督教信綱」，由議會下令於 1648 年實施，屬於加爾文最完整的神學體系。到了十九世紀末至二十世紀三十年代，歐美自由主義神學興起，反對「聖經字句無訛說」，引發與基要主義因堅持傳統教義，主張「聖經無錯誤論」的論爭。

二次大戰之際，新正統神學興起，在歐洲被稱為「危機神學」，或「辯證神學」，主張向保羅、奧古斯丁、馬丁路德、加爾文回歸，以恢復基督教神學正統，除巴特被推為大師外，瑞士籍的布爾仁（Emil Brunner，1889-1966）及在美國的主要代表為尼布爾及田立克。新正統神學在八十年代以來，因基要主義派及舊正統派反對下，日趨式微。當代西方神學主流，則以基督教倫理學派為代表，在「普世神學」的理念下，漢斯昆（Hans King，1928-）等對話型神學家，也有相當影響。

中國儒家的神的觀念，代表中國人的上帝觀。而基督教的神學思想，無論上帝論，基督論，救贖論，聖靈論，人性論，教會論，聖事論，恩寵論，終極論等等，實為全世界任何民族、國家或地域的任何宗教思想所觸及的問題之一部分而已。但基督教神學思想卻也因探討的角度不同，以致發生爭論，實則任何爭議，果能完全以聖經為依據，在聖經內求考證，才會獲得正確的答案。

因此，東西文化兩方面，僅以神學的範疇言，聖經是唯一正確準繩，十八世紀孔德的實證主義哲學，認定人類智識進程，第一階段為神學階段，第二階段為玄學（或哲學）階段，第三段為科學階段。當今時期，適得其反，即應由科學階段進入玄學（或哲學）階段，最後歸趨於神學階段。神學才是最後歸宿。聖經是神所默示而寫出的，從創世以來，以迄世界末日，全部歷史過程，無不涵蓋。

就文化史言，《聖經》照希臘原文「τὰ βιβλία τὰ ἅγια」，乃是「獨一無二之書」之意，而今已被翻譯成二千一百餘種文字（依瑞士聖經學會 1995 年統計）。自然科學愈發達，依天文學，天體物理學或地球物理學以至人體科學各方面的科學知識，愈益證明神的至高無上。英國近代科學家湯姆生博士（1895 年劍橋大學實驗室發現電子的專家）說：「宇宙的神奇，絕非科學能盡知。」他的名言，正反證所羅門王所說「敬畏耶和華是智慧的開端」名言的超越，這就是世界權威科學家如牛頓、愛因斯坦、愛迪生等名家，都是敬畏上帝，成為基督徒的原因之所在了。

如果就世界宗教經典的先後言，《摩西五經》寫於公元前 1600 年，印度教的《聖歌集》（黎俱佛陀）寫於公元前 900 年，佛教經典寫於公元前 500 年，回教的《可蘭經》則在公元後 700 年了。任何宗教的經典，其內容不論如何繁複，篇幅如何龐大——例如佛教之《大藏經》，梁武帝時即達五千四百卷，南宋磧沙版五千八百卷，今存於西安臥龍，開元兩寺——所論之問題，均無法與《聖經》相比，《聖經》是全面的，其他宗教經典，僅是局部的，然而《聖經》的篇幅，不過《舊約》三十九卷，《新約》二十七卷而已，作者四十位以上，有君王、先知、學者，甚至漁夫等各色人等，時間相距逾一千六百年，而內容前後呼應，一以貫之。所以世界知識歸趨於《聖經》，正如百川之歸大海。

二、教會趨向合一

（一）教會早期分裂

公元第四世紀至第五世紀間，羅馬帝國壯大，由於帝國東西部文化及語言差異，遂遂漸形成以羅馬為中心的西部教會，拉丁語系。東部以君士但丁堡為中心的東方教會，希臘語系。前者為天主教，後者為東正教，第一次分裂於 1054 年。第二次分裂則在十六世紀馬丁路德及加爾文之改革，為脫離羅馬天主教，統稱為抗議宗，或抗羅宗，或稱基督教，新教。新教初起，即有三大教派，路德派信義宗，次為加爾文宗，亦稱歸正宗，三為安立甘余，作為英格蘭國教。十七世紀英國清教徒中又分出公理宗，浸會（浸禮宗），公誼會（即貴格會）等宗派。十八世紀英國衛斯理兄弟創立衛理公會，又稱監理宗，循道宗。十九世紀以來，又產生基督復臨派，安息日派，救世軍，耶和華見證人派，基督教科學派，摩門派，五旬節派等，迄二十世紀五十年代新教派別逾一百五十個教派。

（二）教會合一運動

饒申布士於 1907 年著《基督教與社會危機》（*Christianity and the Social Crisis*），批評工業資本主義，其所領導之社會福音派，擴大社會福音運動，反對拜金主義，次年成立「美國全國基督教協進會」，反對資本主義剝削制度。

據統計，八十年代以來美國社會福音派教友逾四千五百萬人，主張重振基督教社會，自辦社區，住宅，商店，銀行，擁有全美第四位電視網，一千三百個廣電台，二千三百多家書店，中小學五千所，曾擔任過美國總統的福特、卡特、雷根等，均自認社會福音派教友。1948 年，新教各派曾在荷蘭舉會議，成立「世界基督教協進會」，有四十四個國家的一百四十七個教派出席，希臘正教及其他東方教會也曾派員參加。1961 以後蘇聯俄羅斯正教會等，亦陸續加入。1980 年，中國基督教全國代表大會決議成立「中國基督教協會」，該會與「中國基督教三自愛國運動委員會」，建立了分工合作關係。1967 年美國聯合長老會，發表「信綱」，主張進行教會改革以適應社會變遷。

（三）加強「世界基督教協進會」（即聯合會）的功能

該會簡稱「世聯會」英文縮寫為「W.C.C.」，以世聯大會為最高機構，每七年舉行一次，產生中央委員會，每一年半開會一次，選出執行委員會，下設三部，信仰與見證部，正義和服務部，教育與復興部，其功能自有待加強。

（四）今後合一趨向

世界基督教協進會，總會設於日內瓦，已經形成「普世教會運動」，又稱為「教會再合一運動」。吾人期盼無論新舊教，教會宗派如何合一，尚須長期觀摩比較，主內多所交通，在禱告當中獲得屬靈力量。當前西方神學主流，以基督教倫理學派為主流，美國教會亦以道德多數派更獲認同，足見倫理道德為新世紀的主軸。

唯有在聖經宇宙倫理學的前提下，結合東方儒學倫理及基督教倫理的精義，才能化除二十一世紀的危機為轉機。

世界當前至少有十一個宗教，其中五大宗教包括佛教，回教等，其教義實際上在《聖經》中都可以尋找淵源，以基督教人佔世界總人口數的三分之一而言，基督教有力量可以統合其他宗教，回到基督懷抱，成為「上帝之國」的子民。

向外邦人傳福音，為信徒最大使命，過去二百多年清教徒身為前鋒，開拓了新大陸，美國開國二百多年來，已成為全世界移民的溶爐，同時美國也是當前世界級強國，其基本精神乃是以基督教立國，此一立國精神，予以發揚光大，即可帶動全球基督化運動的脈絡。中國大陸近十餘年來由於經濟潛力獲得提升，擁有十二億人口，灌輸基督教力量，更可領導亞洲的基督化，從歐洲，美洲，亞洲，同時轉向非洲等地區，那麼全球基督化運動，自必波瀾壯大，沛然莫之能禦。

世界倫理學史展望

第一章　新世紀倫理學的可能趨勢

科技史上無數發明中，其中十二項屬於劃時代的進步：

一、公元前 500 年，希臘畢達哥拉斯定理的發現（中國為勾股定理）。

二、543 年哥伯尼發現太陽與地球的運動律。

三、1628 年哈維發現血液循環。

四、1687 年牛頓發現萬有引力定律。

五、1752 年富蘭克林發現雷中帶電。

六、1796 年琴納發現種痘免疫。

七、1858 年達爾文發現生物進化規律。

八、1881 年巴斯德發現狂犬病疫。

九、1890 年倫琴發現 X 光。

十、1898 年居里夫人發現鐳。

十一、1905 年愛因斯坦創立相對論。

十二、1928 年弗萊明發現青霉素。

進入十九世紀，自然科學方面有三大發現：包括細胞學、能量守恒與轉化定律。

二十世紀的相對論、原子結構和基本粒子的發現與量子力學、電子計算機的發明和控制論、信息論、系統論。更重要的是分子生物學、特別是核酸的分子結構，而遺傳密碼的發現，揭示了生命遺傳之謎。

二十一世紀文化的科技特色，重點在於基因突破與電腦網路。

由於生命遺傳基因的發現，傳統倫理觀念面臨挑戰，生物科技可能創造新的生命。所謂人類複製，也同樣面臨挑戰。基因突破說明上帝創造人類的神奇，電腦網路同樣證明人類的聰明才智，正是上帝所賦予人類的特質。

第二章　如何重建當代倫理

第一節　二十一世紀倫理文化所面臨的危機

一、激進神學的衝擊

由於虛無主義無神論，在二十世紀初期似甚普遍，然而五十年代美國宗教熱仍掀起高潮，不但信教人數激增，教堂興建愈多，連電影如《聖袍》、《十誡》、《賓漢》、《叫彼得的人》都十分賣座。艾森豪總統每週必進入教堂禮拜，每次內閣會議，必先祈禱，懇求上帝賜予智慧。聖經在五十年代銷售量達最高峰。

六十年代七十年代則有新托馬斯主義流行，認為中世紀的托馬斯・阿奎那的神學，為今日所必需。而法國哲學家泰伊亞（Tielhard de Chardin，1881- 1955，中文名德日進）因持宇宙變化應作進化現象予以研究，被視為異端。激進神學又稱新自由主義神學，以繼承德國神學家士來馬赫（Friedrich Schleiermacher，1768-1834）之自由主義神學，以人道主義瞭解耶穌精神。主張宗教本質乃倫理。

第一次世界大戰後，自由神學趨於沒落，代之而起的是新正統主義，包括祁克果、巴特等人主張。二次大戰後，又有福音現代化的觀念醞釀，於「辯證神學」、「危機神學」外，另倡「終極關懷」，及至「世俗神學」、「希望神學」（亦稱政治神學或革命神學）以及「過程神學」、「解放神學」等提出。

二、社會變遷的激盪

二十世紀以來，人口日增，生活水準提高，人類壽命增長，人慾橫流，生態破壞嚴重，環境日趨惡化。由於人口逐漸集中於都市，犯罪率上昇，且貧富日趨懸殊，家庭價值趨於低落。機器世界來臨後，勞資關係也有變化。尤其自五十年代，生物遺傳密碼（DNA），即「脫氧核糖核酸」的發現，於是開創了基因工程。基因重組存在著倫理評價問題，所以 1973 年美國數十名頂尖科學家寫信給美國科學院，指出基因重組對社會的潛在威脅，乃有美國衛生部門於 1976 年及 1980 年，制定「重組 DNA 實驗準則」，歐洲許多國家也有類似規定。但是 1996 年英國首先製造了複製羊，另外複製牛、豬也有了。亦有進者 1954 年首創腎臟移植手術成功，1997 年已有猴子頭部移植成功的報導。至於人工生殖，代理母親，以至 1980 年美國諾貝爾精子庫的成立，以及安樂死等問題，爭執正方興未艾。

第二節　重建當代倫理正途

面臨當代倫理觀念的挑戰，人們體念到因有社會達爾文主義的思想的作祟，終於引發二十世紀內日本軍閥、希特勒及史達林的大屠殺，其中蘇俄集中營之死者，據英國康斯奎特教授在其名著《共產主義在蘇俄的人命代價》一書之統計，竟達六千萬人以上。從而引出西方新馬克思主義的詮釋。所謂「法蘭克福學派」，乃屬於新馬克斯主義範疇。西方並興起系統學、未來學等的研究。

實際上如欲解決當代倫理問題，其正途一方面亟須重振由加爾文新教所倡導的職業倫理及禁慾精神，以塑造新資本主義的楷模，另一方面以新托瑪斯主義所重申信、望、愛、智、仁、勇等倫理觀，結合儒家倫理之三綱八目等重點，蔚為當代新倫理運動時的洪流，俾其沛然莫之能禦，掀起倫理運動新高潮，與新道德運動相輔相成，此為當代倫理的應有內涵。

因此，挽救二十一世紀倫理文化危機應經由下列途徑：

以**舊約倫理學**中之宇宙倫理學加強人類認識創造宇宙之造物主，以啟發其衷心信仰的至情至性，愈益發現宇宙無限寶藏。又從生命倫理學與生態倫理學，培養其珍惜生命與維護生態的道德心態，加強宇宙及人生潛能的開發。

以**新約倫理學**中的個人、家庭、教會、社會、政治、經濟等倫理準繩，引導人把握內在的自由意志，選擇向善的目標。向善向惡的自由意志，決定人類行為的福與禍，愛因斯坦最後的一篇文章〈問題還在人心〉中，對此有所論及。

以**聖經倫理學**中的綜合倫理、神學倫理，以及審判倫理，進而深入探討對創造倫理，救贖倫理與天國倫理等真理的體認，發揮原有科技成就的優點，逐漸擺脫其缺點，以開拓真理的大道，進入新世紀，以基督教倫理學為本體，輔以儒家倫理學作為滑潤劑，則新世紀倫理學，足以面對未來的任何挑戰。

第三節　華僑社會的行為標竿

一、前言

針對如何樹立華僑社會共同行為理念，糾正若干為人詬病的不良現象，數年前美國南加州中華文化倫理教育學會曾經主辦過一次以「建立社會新秩序」為訴求之學術座談會，定名為「倫理道德社教復興運動」。誠可列為長久以來，各方要求社會進步的一項新里程。從歷史眼光看，它一方面是繼承民國 23 年開始推行的「新生活運動」，以及民國 52 年為紀念孫中山先生百歲誕辰而發起中華文化復興節，產生了為社會改造所訂定的「國民生活須知」及「國民禮儀規範」兩大守則。

惜以日久玩生，八十年代後的台灣社會，流於富而不好禮，金錢掛帥，充滿暴戾氣氛，犯罪案件幾乎直線上升。所以中華文化復興運動總會也致力於尋求祥和社會的途徑。另一方面，華僑社會，即以南加州而言，亦頗令人感到以往中國人很多民族美德，似也逐漸褪色，亟待加以重整。事實上全世界也正面臨道德崩潰危機，更需要一次在二次世界大戰結束後推動過的世界道德運動，再加重整旗鼓，以喚醒社會大眾的覺悟。因此，秉承即知即行的良心驅使，此次華僑文教社團發起此一運動，果能群策群力，按預定目標積極邁進，必能為社會革新或改造，寫下光輝的一頁，發揚人性的光明面，這是一項光榮的任務。

二、社會哲學的最高境界

古希臘大哲學家亞里斯多德說：「人，是社會的動物。」荀子也說：「人也，不能無群。」群即是社會。雖然社會學的真正創建者為十九世紀法國實證主義哲學家孔德，但是說到社會思想歷史淵源，更可追溯至我國的孔子。孔子生於西元前 551 年（東周靈王二十一年），早於亞里斯多德一百二十九年。美國前哈佛大學社會學系主任素羅鏗（P.A.Sorodin）在其名著《當代社會學說》（*Contemporary Sociology*）一書，就曾讚揚孔子為社會學先驅。而哥倫理比亞大學季亭史（P. H. Giddings）教授，則認為柏拉圖的《理想國》等大著，可視為社會哲學的開端。柏拉圖的學生亞里斯多德進而有政治學、倫理學等專著。自是西方思想界，除了上溯早期基督教思潮中，為《摩西五經》裡的十誡，或是新約時期使徒保羅等人的倫理思想外，中世紀以還，諸如斯賓諾沙、康德等大哲，也都留下倫理學名著。

二十世紀，美國大教育家杜威寫成了道德學的大作，我國大教育家蔡元培先生著有《中國倫理學史》等書。誠如華盛頓大學美爾登教授在其《倫理學說讀本》一書所指出：「倫理是指吾人稱許為善的、可欲的、對的、義務的與有價值的習俗行為、動機或品格。」在這意義上而言，倫理一詞與「反倫理」、「不道德」的詞義正相反。

準此而論，在比較中外許多倫理道德名著中，匯合於社會哲學的範疇之內，可以彰顯出儒家的倫理道德理念，達到了社會哲學的最高境界。良以我國歷史悠久，公元前 2600 多年，自黃帝建都於有熊（今河南省新鄭縣）之後，逐漸有了文字、曆法、宮室、音樂、兵器、蠶絲以及指南針等的製作。歷經堯舜禪讓，進入夏、商、周三代，尤其周公攝政，既有井田制度，又制訂禮樂，可謂西周時期，中國文物曲章已經燦然大備。尤其春秋初期，齊國大政治家管仲昭示：「禮、義、廉、恥，國之四維，四維不張，國乃滅亡。」又說：「法者，天下之儀。」「不為愛人枉其法，故曰法愛於人。」復云：「一農不耕，民或為之饑，一女不織，民或為之寒。」這些名言已為中國立國精神所維繫，所以孔子歎說：「微管仲，吾其被發左衽矣。」孔子刪詩書、贊周易、訂禮樂、作春秋、提倡倫理道德，奠定中國文化倫理、民主、科學三者的基礎。《莊子‧天運》篇云：「孔子謂老聃曰：丘治詩、書、禮、樂、易、春秋六經。」又在〈天下〉篇說：「詩以道志，書以道事，禮以道行，樂以道和，易以道陰陽，春秋以道名份。」因此，孔子乃能以博大精深的整體觀念，集中國文化之大成，從而以仁為中心思想，展開其社會哲學的內聖外王的完善體系，而達到社會哲學的最高境界。

社會哲學的最高境界，莫過於倫理道德的發揚光大，而其出發點則要由日常生活言行做起。例如，就禮而言，《論語‧泰伯》篇：「子曰：興於詩，立於禮，成於樂。」《論語‧季氏》篇：「不學詩，無以言，不學禮，無以立。」西漢人以「禮儀」為經，請的是儀文，東漢人則兼講「周禮」，講的是制度，但兩者薈萃於《禮記》，因之東漢末年，禮記由「記」而升至「經」的地位，與周禮、儀禮合稱三禮。

今本禮記九萬餘字，分四十九篇，涵蓋了個人行為遵守的規範，國家制度訂立的原理，更包括了民族文化形成的根源。漢末以來注釋《禮記》之書極多，西漢梁人（今河南商丘縣）戴德與其侄戴聖同從東海後蒼學禮，而有《大戴禮記》之傳承。唐宋迄今，注釋《大戴禮記》，名家輩出。梁啓超先生的《要籍解題及其讀法》指出：「欲知儒家根本思想及其蛻變之迹，則除論語、孟子、荀子外，最要者實為兩戴記。」蓋禮所以定親疏、辨貴賤、序長幼、決嫌疑、別異同、明是非，不關係到國家政治的根本，社會秩序與個人行為，足見禮之重要性無與倫比。

而孟子論道德，除了孔子論仁之外，進而以仁義並舉，仁為人心，義為人路。孟子重義利之辨，以一義字，展現其政治思想的仁政學說，荀子又進而隆禮重法。至於廉恥兩字，《論語・陽貨》云：「古之矜也廉」，而孔子尤堅持：「不義而富且貴，於我如浮雲。」[1]，更樹立明廉人格的典範。《中庸》云：「知恥近乎勇。」孔子實以「行己有恥」[2]為修身的第一要義。

由四維展開而成八德，中國文化中的倫理道德思想，十分完備，中山先生在民族主義演講中強調必須恢復民族固有道德與知識，學習歐美的長處，實屬中華民族欲臻富強及保障世界和平的前提。

三、社會病態與社會改造

我國自清末喪師辱國，割地賠款，在帝國主義的侵略下，陷入貧、愚、弱、私的困境，社會病態，暴露無遺。中山先生剖析其前因後果，在民族主義演講中談的極為透徹。而民國雖告成立，初則袁賊竊國，繼而軍閥割據。雖幸北伐統一，日本妄圖蠶食鯨吞，二次大戰告終，大陸旋即易手，歷經三反五反，十年文革，可謂滿目瘡痍。十年經改以來，雖漸脫離一窮二白的困境，但是資本主義的病症，也在逐漸富裕地區不斷顯現。台灣富裕之後的社會脫序情況，固已相當嚴重，盱衡全球社會，以十九世紀最富強的英國而言，

[1] 《論語・述而》。

[2] 《論語・子路》。

時至今日，據最新民意調查顯示：皇室敗德，教會分裂，國際地位動搖，人民想移民外國，青少年違法犯禁，真是社會病態叢生。蘇俄解體後，社會也更紛亂；而美國又如何呢？以美國今日全球唯一超強地位而言，由於連續三年不景氣，在四兆美元國債重壓下，據《紐約時報》依據二月份一般精神病檔案刊物最新統計報導，美國每年就有五千二百美人受到精神失調之苦。七十年代的二百萬嬉皮固已銷聲匿迹，但是七十萬吸海洛因者，一千萬以上的吸古柯鹼者，以至大麻煙等吸毒者，每年耗費一千億美元以上。槍支泛濫，每年謀殺案逾二萬五千件，而學生帶槍上學者逾十萬人，校園暴力事件年逾三百萬件。非法移民每年有三百萬人（據《時代雜誌》1992年 5 月份報導），現在每月申請政治庇護者逾萬人，暴力份子潛入者甚夥，紐約世界貿易大樓爆炸案，恐怖份子早已進入美國至今仍嚴重威脅國家安全。每年以觀光客身份進入美國逗留不去也有五十萬之多。

六十年來美國最大一次暴動發生於洛杉磯，一次暴動所付出的社會成本極高，洛杉磯暴動重建經費達六十億美元以上。而加州因預算赤字，在緊縮開支困擾下，洛杉磯地區曾釋放數千名在押份子，帶來治安威脅。例如洛杉磯去年汽車竊案就達十萬輛，有一次破獲毒品走私，售價竟達二百億美元。據統計，美國社會有六分之一的家庭破碎，三百萬兒童流浪街頭。總之，社會問題層出不窮。

美國社會現況，就華僑社會言，從歷史層面看，華人旅美逾二百年，而據 1990 年美國人口普查，華人逾一百六十萬人以上，實際上超過二百萬人，旅居加州者逾七十萬人。就洛杉磯方，逾五十萬人，例如有小台北之稱蒙特利公園市的華人逾三萬五千人以上，阿罕布拉市也逾四萬人。因此華僑社會的分佈社區，處處都值得關懷，就社會的光明面言，華僑在美有很多良好的表現，例如列入「美國科學名人錄」華裔專家學者，十年前就逾三百人以上，近年來每次西屋科學獎，華裔青少年皆名列前茅。每次美國政府所獎勵中小企業傑出獎，總有華裔企業界人士得獎。反過來說，從黑暗面看，華裔青少年有的加入幫派活動，有人經營地下色情、販毒，以至非法移民入境者，許多過著黑無天日的困苦生活。有些華人在日常生活中表現的，諸如隨地吐啖，不守交通規則等都是社會病態的反映。誠如俄亥俄州立大學社會學教授李文朗博士近日所發表的系列專論指出：「美國華僑的研究，不僅是經濟的意義，而且具有社會科學的意義。」事實上前輩學者如劉伯驥教授、朱流辛博士等對華僑社會及旅美華僑歷史等研究，都有很好的成果，值得我們溫故知新。

瞭解了華僑社會的不良現象，進行社會改造，便屬當務之急。以中國文化深厚歷史淵源，推行「倫理道德社教復興運動」值得我們重視。

四、建立共識與實踐力行

南加州華僑社團的「倫理道德社教復興運動」，所揭櫫的三大主題：「守時守法」、「明禮知廉」、「敬老育幼」，針對當前社會變遷，三大主題不但十分切要，而且足以形成華僑社會的行為標竿，其影響與效果，必將長久而深遠，關鍵就在我們能否建立共識與實踐力行，從而不至流於五分鐘熱度，甚至僅是口號或標語。美國當代首席社會預測專家約翰・奈思比（John Naisbitt，1929-）著《西元二千年的趨勢》（*Megatrends 2000*）一書，明確地指出進入二十一世紀，有許多社會光明面等待我們去努力創造，其樂觀進取精神，值得我們珍惜與堅持。我們的基本共識是：

（一）作為一個中國人，尤其來到了美國，人人應該以發揚中華文化為已任。每天抽出一些時間，細讀中華文化精華所在的四書五經，例如《論語》一書，就值得一讀再讀。日本前首相吉田茂的修養，就是得力於《論語》。已故國學大師錢穆先生，列舉了瞭解中國文化必讀的九部書，值得參考。因此，中文教育在美國，確有喚起華裔家長一致重視的必要，應與英文同樣重要，不可偏枯。唯有讀好書，建立書香社會，培養優良的個性，才是真正明禮知廉。

（二）既然身在美國，當然也要進一步認識美國文化的優良傳統，美國文化淵源於英國經驗主義的科學精神，兩次世界大戰，使美國集二十世紀高科技之大成，例如電腦的使用經解決很多的難題。要使中華文化融入美國社會，也應當看看聖經。林肯總統的高尚人格，就是孕育於《聖經》的教訓。認識了真理，必能激發誠心，而成行為的原動力。

（三）中山先生的知難行易學說，實屬千古不滅真理。只要多深入認識倫理道德的內涵，必能切實付之實行，做到王陽明先生知行合一的要求。守時守法，就必須把握守法的分寸，明禮知廉，進退應對有節，不貪非份不義之財，敬老育幼，更應肯定家庭的價值。

五、結論

社會雖有黑暗面，但是光明面總是大於黑暗面。社會上奉公守法，默默行善者，實質上還是占多數，故能挽狂瀾於既倒。以中國歷史的悠久，五倫之外，李國鼎先生曾主張增加第六倫，十分有必要。在台灣社會一片喧鬧聲中，企業界很多精英，不也在默默地推「第七倫」嗎？例如台灣的 IBM 認養地下道、公園，認養並非只是捐出一筆錢，為企業塑造一個好形象而已。同為跨國性的電子、電腦製造商的惠普科技公司，就以推行辦公室環保為已任，參與生態保護的工作。隱形眼鏡製造商的視康公司為淡水河把脈等等。以上略舉數端，對於社會確有啓發作用。

有了認識，便能知之深，《聖經》箴言「真理能使你得自由」，以誠作為腦力激盪，實踐力行，任何困難必將迎刃而解。

第三章　倫理現代化的新境界

人類的倫理觀念，實係與生俱來，這乃是人性的本能，從而形成人類文化的基本能力。誠如十九世紀法國哲學家孔德（Auguste Comte，1798-1857）在其實證主義講義名著中所指出：一切學術均以數學為基礎。物理學、化學、生物學以至天文學，構成了自然科學的領域。政治學、經濟學等等，則是社會科學的架構，孔德進而創立了社會學，並以倫理學代表一切學術的最高層。此一真知灼見，不但說明了倫理的重要性，也彰顯了中國文化的永恒光輝。

因為中國文化以儒家思想為主流，儒家思想則以倫理道德為中心。依據世界文化史發展軌迹來觀察，不但西方文化最初淵源的基督教，首先來自聖經中舊約全書裡的《摩西五經》，而《摩西五經》中，揭櫫了上帝的十條誡命。十誡中教人敬拜上帝，孝順父母等信條，便是西方倫理學的胚胎。然而中國的倫理觀念，在儒家思想的闡揚下，卻構成更完整的體系。《詩經・大雅》云：「無聲無臭，昭事上帝，上帝臨爾，無貳爾心。」可知中國文化與西方文化同樣在神存在的前提下，展開了倫理兩大支柱的自然倫理與社會倫理的開端。《莊子・天運》篇說；「孔子謂老聃曰：丘治詩、書、禮、樂、易、春秋六經」。而〈天下〉篇更進一步闡述說：「詩以道志，樂以道和，書以道事，禮以道行，易以道陰陽，春秋以道名份。」以現代語來解釋：詩是表現人群的心志，書是敘述古代的史事，禮是指導行為的規範，樂是追求性情的和諧，易是分析宇宙人生的哲理以陰陽為範疇，春秋提示社會倫理道德最重在名份。

由上可知六經內容，不但概括社會倫理的精髓，而且也涵蓋了自然倫理的視野。中國文化的永恒光輝，便是由於有了這種活水源頭而萬古常新。因之十七世紀中葉，當天主教耶穌會教士克舍爾（A. Kircher，1602-1680）所著拉丁文《中國圖說》（*China Illustrata*）出版，便成為當時歐洲人士研究中國的大辭書。又因《大學》、《中庸》以及《孔子傳》等書店之拉丁文、法文本之出版，大大的引起了歐洲人士研究中國文化的興趣。所以十八世紀歐洲文化史上發生了啓蒙運動，這時期的歐洲思想家們，擺脫了中古黑暗時期的煩瑣哲學，超越了文藝復興時代的自然哲學，轉入了以人類社會和國家構成與道德問題為研究主題。歐洲的哲學家們，大大驚歎想不到兩千多年前的孔子，居然有了非常崇高偉大的倫理思想，因而遂宗奉孔子為啓蒙運動的大師。唯因工業革命以後，西方自然科學突飛猛進，相對的中國自然科學落後了。清道光二十年（1840 年）鴉片戰爭，從此中國國勢日弱，加之清庭閉關自守，以致中國文化漸漸不為世人所重視。

但是第一次世界大戰以後，西方又再掀起重視中國文化的浪潮，世界各國的漢學研究，迄今方興未艾。由於世局詭譎多變，第二次世界大戰結束迄今將屆七十年中，經韓戰、越戰，中東戰爭，乃至九一一事件，至今世局仍然紛擾不安，人心浮動。

八十年代開始，美國已有「新紀元運動」（New Age Movement）的興起，其目標乃是要邁向「天人合一」的理想，希望向東方認同以實現禮運大同篇上早已倡言的「大道之行，天下為公」的世界和平。此一共識，可謂與美國文化學家諾斯普（F. S. C. Northrop，1893-1992）在其名著《東西交會》（*The Meeting of East and West : An Inquiry Concerning World Understanding*）一書，力言東西文化交流與融洽，方屬世界文化的唯一出路。兩者真是不謀而合，如響斯應。

其實，世界人類學權威學者，英國濟斯爵士（Sir Arthur Keith，1866-1955）在其巨著《進化與倫理》（*Evolution and Ethics*）中早已指出：「唯有孫逸仙博士的三民主義，才是東西文化交流的結晶。」此一結論，啓迪了我們尋求倫理現代化的新境界之契機。

進入新世紀，要求自由、民主、均富，可謂人同此心，心同此理。要達到這種文化水平，一言以蔽之，非提倡倫理現代化不為功。溯自清廷喪權辱國，不但頓令中國文化黯然失色，而且導致中國陷入貧、愚、弱、私的困境。幸有中華民國父孫中山先生，奮起挽救中國危亡，仁人志士，聞風景從，遂有中華民國的誕生。中山先生迎接世界潮流，針對中國需要，乃有三民主義的發明，主張恢復固有倫理道德，發揚中國文化優點。民國 8 年的五四運動，民國 54 年的中國文化建設運動，也都顯示了中國知識份子的覺醒。終能推衍出民國 54 年，為紀念中山先生百齡誕辰而發軔的中華文化復興運動，一時風起雲湧，海內外同胞無不一致熱烈回應。

數十年來的中華文化復興運動，在成果上頗有可觀。例如「國民生活須知」與「國民禮儀規範」的訂頒，集古今中外社會倫理行為標準之大成，項目具體而可行，幾乎放之四海而皆準，充分表達了現代倫理的精神，也就是我們提倡倫理現代化這所本。可惜我們中國人一般缺失，仍然是缺乏篤實踐履的毅力，不能徹底實踐，甚至徒託空言。民國 60 年，政府開放觀光，許多國人遊蹤所至，遍及東南亞、歐美以至非洲等地，卻以不守秩序，到處製造髒亂，未能給予他人良好的印象，破壞國家形象莫此為甚。我旅居美國僑胞，數逾百萬以上，加州地區幾占一半，1985 年就有「美國華人倫理教育學會」的創辦，繼於 1989 年擴大改組為「美國中華文化倫理教育學會」，宗旨純正，與其他很多社團的宗旨大都不謀而合，殊途同歸。

我們相信，只要身體力行，群策群力，必能樹立社會良好風氣，實現倫理現代化新境界的期待。此一新境界，就犖犖大者而言，不外下列諸端：

一、就人性言

中山學說尤其光芒萬丈者，乃是他的人性進化論。遵照中山先生的人性進化論，我們應該積極發揚人性，表達愛心，做人誠懇。逐漸消滅獸性，剷除妒忌、貪婪等惡習，進而達到神性，發揮修心養性的功能。

二、就自然言

宇宙乃一大磁場，彼此資訊相關。人類只有一個地球，我們應該愛護自然。所以環境保護非常重要。尤其不可濫伐森林，濫捕野生動物。我們呼籲饕餮之徒，立即停止嗜食熊掌、鯨魚肉等愚行。

三、就社會言

切實遵行「國民生活須知」與「國民禮儀規範」，體認家庭倫理中孝道文化之可貴，進而重視政治倫理、經濟倫理、企業倫理、教育倫理等實踐，以建立自由、民主、均富的新社會。

作者小傳

游芳憫博士經歷

游芳憫博士祖籍福建寧德，芳憫本係族譜之名，因幼年進入羅源縣基督教聖公會所辦一善堂乾元寄宿學校，校長張摩西老師認為芳憫之憫字，含有悲天憫人的內涵，非小童所能體會，建議家長改名芳敏，蓋敏字含有敏捷、奮勉之意義，則稚齡之年，亦可稍加理解，因之改名為芳敏，一直沿用以迄第二次來美，應兒女之邀決定依親在美定居，並返回家鄉寧德探親，決定恢復原族譜之名，於掃墓祭拜時稟告父母在天之靈。

其後求學過程，先後畢業於福建省立永安師範學校，重慶中央政治學校，美國普林頓大學哲學博士，美國啓洲神哲研究院授予榮譽哲學博士。工作經歷方面，曾先後任教於台中靜宜大學，東海大學，美國啓洲神哲研究院倫理學教授，美國普林頓大學哲學教授。社會方面，曾擔任台灣新生報主筆，超越雜誌編輯委員會召集人，並為教育部縣市文化講座主講人，中華文化研究發展基金會常務董事，兼任吉林白城師範大學及福建寧德高等專科學校客座教授。

一九九九年，繼鐵鴻業、梁元生、吳劍雄三位先生之後，出任美國孔孟學會會長。多次應邀前往福建廈門大學、山東大學、遼寧大學等多所學校講學，亦曾應邀在北京釣魚台及人民大會堂發表有關世界文化及經濟問題等演講。其學術思想中心理念，歸納中華文化孔孟儒家哲學與基督教文化神學精義，追尋人類未來遠景，邁向二十一世紀文明的新階梯，故被推舉為「世界博愛救世大同盟」理事長，「中華四海同心會」榮譽理事長，「北美洛杉磯華文作家協會」顧問等職，鼎力提攜後進，對社區活動不遺餘力參與支持。

游芳憫博士多次訪問歐美各大名城，更遠赴以色列、印度、巴西、澳洲、土耳其諸國實地考察，神州遊訪亦遠至蒙古、東北、西藏等地，以期明瞭世界文化之根源與文明發展之終極關懷，務使其文化論述專著秉持客觀應證之原則，俾稍盡一位智識份子的棉薄心力。

二〇〇七年獲福建鄉親盛邀，赴閩擔任姓氏研討會貴賓及游姓委員會旅美委員，當地圖書館將收藏游芳憫博士手稿及著作。

參與游姓宗親委員會之展望

基於儒家倫理道德信念，依據史籍資料考證，游姓宗親屬周朝王室系統。春秋時期，鄭國公子鄭偃，字子游，生子吉，史稱游吉，當可視為游姓之開端。

他如春秋晉宋等國，亦多游姓。爾後又如五代十國，閩國游姓則又分出尤、姚、沈、王等姓。而游姓繁衍愈廣，名人輩出。諸如東晉以後之五朝十六國車騎大將軍游子達，北魏刺吏游雅，隋朝禦史游元，宋代學者游酢。宰相游似，明季雲南巡撫游居敬，廉州知府游日章，按察使游明，以迄當代學者游國恩，外交家游建文等，其史實莫不斑斑可考。

今游姓委員會成立，誠足鼓勵宗親，互愛互助，進德修業，報效國家，服務人群。尤其繼承大理學家游酢先賢之餘緒，尊師重道，端正人心，從而光揚中華豐富文化，迎接祖國和平崛起，必能促進中西文化融和交流，消弭當前所謂「文明衝突」危機於無形，為二十一世紀文明放其異彩。

生活剪影

與本書編者蓬丹近影

八十年代參觀英屬哥倫比亞大學與當時在該校就讀之三女四女合影

獲頒成就獎後與蓬丹及三女合影

偕長女蓬丹、次女萊丹（前排左）參與洛杉磯僑學界歡宴連戰先生

學術交流

參加文化研討會與他國學者合影

參觀北京文學館

參觀北京文學館

演講風采

應邀在北京發表演講

應邀在北京發表演講

在台時擔任教育部文化講座主講人

哲學宗教類　PA0036

游芳憫文史專集第二卷：
東西倫理學史研究

作　　者 / 游芳憫
責任編輯 / 林泰宏
圖文排版 / 陳宛鈴
封面設計 / 陳佩蓉

發 行 人 / 宋政坤
法律顧問 / 毛國樑　律師
印製出版 / 秀威資訊科技股份有限公司
114 台北市內湖區瑞光路 76 巷 65 號 1 樓
電話：+886-2-2796-3638　傳真：+886-2-2796-1377
http://www.showwe.com.tw
劃撥帳號 / 19563868　戶名：秀威資訊科技股份有限公司
讀者服務信箱：service@showwe.com.tw
展售門市 / 國家書店（松江門市）
104 台北市中山區松江路 209 號 1 樓
電話：+886-2-2518-0207　傳真：+886-2-2518-0778
網路訂購 / 秀威網路書店：http://www.bodbooks.tw
國家網路書店：http://www.govbooks.com.tw
圖書經銷 / 紅螞蟻圖書有限公司
114 台北市內湖區舊宗路二段 121 巷 28、32 號 4 樓
電話：+886-2-2795-3656　傳真：+886-2-2795-4100

2011 年 1 月 BOD 一版
定價：220 元

國家圖書館出版品預行編目

游芳憫文史專集. 第二卷, 東西倫理學史研究 / 游芳憫著. --
一版. -- 臺北市 : 秀威資訊科技, 2011.1
面 ; 公分. -- (哲學宗教類 ; PA0036)
BOD 版
ISBN 978-986-221-645-3(平裝)

1. 倫理學 2. 歷史

190.9 99019921

讀者回函卡

感謝您購買本書，為提升服務品質，請填妥以下資料，將讀者回函卡直接寄回或傳真本公司，收到您的寶貴意見後，我們會收藏記錄及檢討，謝謝！
如您需要了解本公司最新出版書目、購書優惠或企劃活動，歡迎您上網查詢或下載相關資料：http:// www.showwe.com.tw

您購買的書名：＿＿＿＿＿＿＿＿＿＿＿＿＿＿＿＿

出生日期：＿＿＿＿年＿＿＿＿月＿＿＿＿日

學歷：□高中（含）以下　□大專　□研究所（含）以上

職業：□製造業　□金融業　□資訊業　□軍警　□傳播業　□自由業
□服務業　□公務員　□教職　□學生　□家管　□其它＿＿＿

購書地點：□網路書店　□實體書店　□書展　□郵購　□贈閱　□其他

您從何得知本書的消息？
□網路書店　□實體書店　□網路搜尋　□電子報　□書訊　□雜誌
□傳播媒體　□親友推薦　□網站推薦　□部落格　□其他＿＿＿＿

您對本書的評價：（請填代號　1.非常滿意　2.滿意　3.尚可　4.再改進）
封面設計＿＿　版面編排＿＿　內容＿＿　文／譯筆＿＿　價格＿＿

讀完書後您覺得：
□很有收穫　□有收穫　□收穫不多　□沒收穫

對我們的建議：＿＿＿＿＿＿＿＿＿＿＿＿＿＿＿＿

＿＿＿＿＿＿＿＿＿＿＿＿＿＿＿＿＿＿＿＿

＿＿＿＿＿＿＿＿＿＿＿＿＿＿＿＿＿＿＿＿

＿＿＿＿＿＿＿＿＿＿＿＿＿＿＿＿＿＿＿＿

請貼
郵票

11466
台北市內湖區瑞光路 76 巷 65 號 1 樓
秀威資訊科技股份有限公司 收
BOD 數位出版事業部

（請沿線對折寄回，謝謝！）

姓　　名：________________　年齡：________　性別：□女　□男

郵遞區號：□□□□□

地　　址：________________________________

聯絡電話：(日) ________________ (夜) ________________

E-mail：________________________________